KB206966

원더풀멘탈

원더풀멘탈

국제멘탈코칭센터 13기

스토리하우스

머리말

박철수 코치

멘탈마스터
국제멘탈코칭센터대표
csculture@naver.com

1. 멘탈이 무엇이기에
내 삶에 이렇게 개입하는 거야?

　내 삶에 좌절을 느끼고, 힘들고, 우울하고, 불안하고, 긴장하고, 슬퍼하고, 짜증이 나고, 기분 잡치고, 정신적 혼란해 오고, 정신 놓고, 혼란하고, 뭘 해야 할지 모르겠고, 내 마음도 뭐가 뭔지 모르겠고… 멘탈 도대체 넌 뭐냐고? 왜 내 삶에 이렇게 헤집고 들어오는데… 제발 날 좀 그만 괴롭혀…

　이런 항변도 잠시, 이제는 더 이상 성격 탓이네, 유전자네, 기질이네, 사주팔자네! 등의 탓으로 돌리면서 어떻게 할 생각을 못 하고 가끔 찔끔찔끔 시도는 하지만 결국 기존의 삶으로 돌아간다. 이런 과정을 심리학자들은 학습된 무기력이라고 한다.

　이제 더 이상 악마의 사이클에서 벗어나자. 이 지긋지긋한 감옥에서 벗어날 수 있는 황금열쇠를 찾았으니까. 이제 난 희망의 나라로 날아갈 거야!

난 참 운이 좋다고 생각했다. 지금까지 살면서 그렇게 어려운 일이 없었지만 잔잔하게 고통을 직면해야 했었다. 그래도 잘 넘어갔다. 운이 좋았다. 그러나 지금은 그렇게 생각하지 않는다. 이제는 나는 나의 운을 만들어 가고 있다고 생각한다. 60대 중반의 남자가 세상의 이치를 깨달았다고 해야 할까? 참 늦게도 깨달았다. 30여 년을 리더십을 가르치고, 자기계발을 지도하고, 혁신을 코치하였음에도 불구하고 몰랐던 그 핵심을 이제는 알게 되었다.

그 시작이 2016년 5월이었다. 도쿄의 도쿄코치협회 사무실에서 만난 쯔게 요이치로 마스터 코치로부터 난 삶의 황금열쇠를 선물 받았다. 내 인생 최고의 순간이었고, 어떤 말로도 표현할 수 없는 전환점이었다.

'와우 ~~' 그냥 그 한마디로 표현된다.

그 어떤 책에서도 발견할 수 없었다. '지금까지 이걸 얻으려고 달려왔구나!'라는 생각이 들면서 긴 여정의 인생 퍼즐에 마지막 조각으로 완성이 되었다. 멘탈의 중요성은 누구나 알듯이 나도 그런 수준이었다. 늘 관심을 두지만 잡을 듯 잡을 듯하면서도 잡히지 않는 연기같은 존재였다. 자신만만하게 덤비기도 했다가 곧 두려움이 엄습하여 불안으로 가면서 움직이지 못했고, 고통을 만나고 싶지 않아서 회피하고 무시하고 못 본 척했다. 그냥 막연히 희망 회로를 돌리면서 애써 긍정적인 척했다. 그리고 어둡지 않게 명상한다고 앉아서 폼을 잡아 보기도 했다. 그런 노력(?)은 나의 삶을 변화시키지는 못했다. 그냥 알음알음으로 머릿속만 복잡해질 뿐이었다. 이제는?

그렇다. 이제는 멘탈을 제대로 알았다. 선인들의 가르침과 연결된 멘탈을 찾았다. 멘탈코칭을 배우면서 난 쯔게 마스터 코치에게서 그 비법을 전수 받은 것이다. 다시 한번 '와우 ~~'이다. 그 순간 나의 가습은 벅차고 머리가 맑아지며 세상이 보이기 시작하였다.

그러나 그 순간이 그렇게 길게 가지는 않았다. '어 이게 뭐지? 황금열쇠를 가졌는데…. 왜 작동이 되지 않지?' 약간은 혼란이 왔다. 그런데, 그 혼란은 그리 길지 않았다. 또 한 번의 '와우~~!'이다. 그렇다. 황금열쇠를 찾았지만, 그것을 내 몸에 장착시켜야 하는 것이지 요술 방망이는 아니라는 것을 알게 되었다. 그런데 이 열쇠는 내 삶에 이식하는 것이 숨어 있는 비결임을 알기까지는 3~4년이 걸린 것 같다. 이제는 이 열쇠를 언제 어떻게 활용하는지를 조금씩 터득해 나가고 있다. 시간이 가면 갈수록 그 모습이 선명해지고 그 효과도 커지고 있다.

나는 이러한 배움의 결과를 '멘탈코칭전문가양성과정'에 조금씩 녹여 나가고 있다. 쯔게 마스터 코치가 1기부터 6기까지 비법을 전수해주고 떠난 지 5년이 지나가고 있다. 7기부터 13기까지 직접 지도하면서 나의 황금열쇠가 빛을 더 발하고, 그 모습이 뚜렷하게 보이게 됨을 알았고, 더욱이 이번 13기 코치님들의 열정과 사랑이 보태어져 하나의 열매로 맺게 되었다. 이 책이 나에게는 그런 의미를 주고 있다. 이 자리를 빌려 13기 코치님들에게 감사함을 전하고 싶다.

'코치님들 감사합니다. 여러분의 그 열정이 제가 발견한 황금열쇠를 더 빛나게 만들어 주셨어요. 그 가르침 꼭 기억할게요. 함께 해주셔서 감사합니다.'

13기 코치님 24명분의 코치님들의 삶의 변화를 응원하고 지지하고 큰 박수를 보냅니다. 우리가 하는 일이 나 자신에게, 우리 주변에 나아가 세상에 어떤 영향을 미치는지 우리는 보았습니다. 이런 말이 있죠.

"빨리 가려면 혼자 가고, 멀리 가려면 함께 가라' 그 가르침에 국제 멘탈코칭센터는 이렇게 말합니다. '빨리 멀리 가려면 좋은 사람과 함께 가라"

가는 여정에 우리는 또 넘어지고 엎어지고 약간의 상처를 입기도 할 것입니다. 그 모든 시련은 우리의 황금열쇠를 더 단단하고 선명하고 영롱하게 만드는 자극일 것입니다. 초기에 내면에서는 포기하라고 유혹할 것입니다. 그냥 살던 대로 살라고 말할 거예요. 그 유혹에 흔들리지 말고 한발 한발 함께 나아갑시다. 제가 경험한 그 여정을 믿고 이해하고 여러분의 삶에서도 그 즐거움을 느끼면서 함께 전진합시다. 우리가 살아봤듯이 이러저러한 방해물도 나타날 것이고 힘듦도 있을 것이고 포기하고 싶은 마음도 들 것입니다. 그 끝이 언제인지는 알 수 없지만, 그 끝의 모습은 알 수 있습니다. 그 끝에서 우리는 이렇게 외칠 것입니다.

'대박 ~~~!'

2. 멘탈이 뭔지 정확하게 알고 싶어졌어요!

멘탈의 중요성은 알게 되었다. 그런데 멘탈이 뭐지? 여기에 대한 대답을 모르는 게 아니다. 우선 '멘탈'이라는 단어와 함께 떠오르는 단어나 이미지는 무엇인가? 감정, 생각, 근성, 끈기, 정신력, 집중력, 회복탄력성, 자신감, 자존감, 메타인지, 긍정성, 불굴의 의지, 포기할 줄 모르는, 인내, 기분, 정서, 분노, 화, 두려움, 불안감 등인가? 당신이 생각하는 멘탈은 무엇인가?

그렇다. 멘탈에 대한 정의를 나무위키에 있는 찾아보면 다음과 같이 정의하고 있다. "한국어에서 멘탈은 정신력을 지칭하는 경우가 더 많다. 구체적으로 설명하자면 괴로운 일에 마음이 흔들리지 않고 평정심을 유지하는 능력을 가리킨다. 한국어로는 정신력 혹은 심지(心志), 심기(心氣)라는 단어로 대체 가능하다."

그리고 일반적으로 사람들이 말하는 정신력 혹은 멘탈력이 강하다는 것은 강한 근성, 끈기, 인내, 불굴의 정신, 자신감, 용기 등을 의미한다. 물론 그 외에도 더 많은 정의가 있을 것이다. 이러한 정의를 국제멘탈코칭센터에서는 내용 중심의 정의라고 한다. 멘탈에 대한 정의가 왜 중요한지 짚고 넘어가자.

쉽게 말하면 정의는 방향을 규정한다. 예를 들어 혈압관리에 있어서 150이 넘어가면 고혈압이라고 정의하면 혈압관리의 방향이 정해진다. 건강을 어떻게 정의하는가에 따라 건강을 유지하는 방법이 달라진다. 건강을 정의할 때 사용하는 기준은 혈압, 체질량 지수, 근육량, 몸무게, 뇌파, 영양성분, 심장박동 등 다양하다. 그 기준에 따라 건강을 평가하고 건강을 확보하는 방법이 달라진다.

따라서 멘탈을 어떻게 정의하는가에 따라 멘탈건강도를 측정하는 방법이 달라지고 개선하는 방법이 달라진다. 그러면 국제멘탈코칭센터에서는 멘탈을 어떻게 정의하는가?

그것은 바로 '자기와의 대화의 질; QST－The Quality of Self－Talking'이라고 정의하고 있다. QST의 질을 결정하는 기준으로는 셀프토킹의 내용이 긍정적인가? 미래지향적인가? 생산적인가? 전략적인가? 합리적인가?로 정한다. 그렇게 정하면 멘탈 강화 방법은 어떻게 되는가? 자신의 셀프토킹 혹은 고객의 셀프토킹의 질을 높이는 다양한 자극일 것이다.

멘탈을 내용(Contents)으로 정의한 것이 아니라 과정(Process)으로 정의한 것이다. 멘탈이 우리의 삶에 적용된다는 것은 삶의 속성과

일치되어야 한다. 즉 삶은 내용이 아니라 과정으로 정의된다. 성공하는 사람들의 7가지 습관들의 저자 스티븐 코비는 시간을 사건의 연속이라고 하였다. 우리의 삶은 사건의 연속이면서 시간의 흐름 속에 존재한다. 그 속에서 작동되는 멘탈도 시간성을 내포한 과정으로 정의할 때 삶과 연결된다. 자신감은 정체된 시점에서의 내용적 정의다. 멘탈력은 나의 삶의 시간상에서 원하는 시점에서 원하는 만큼을 만들어낼 수 있는 역량이다. 그리고 시간이 흘러가는 상황별로 매우 변화되는 역동성을 갖고 있다. 따라서 멘탈의 그러한 속성을 내포한 개념으로 정의되어야 하고 그것을 삶에 적용하는 능력을 키운다면 삶이 펼쳐지는 시간대가 흘러감에 따라 멘탈력은 강화될 기회를 얻게 되는 것이다. 이것이 내가 발견한 황금열쇠의 실체이다.

함께 한 13기 멘탈 코치님들이 내가 발견한 황금열쇠를 자기 삶에서도 발견하고 내면화시켜 자신의 삶을 행복과 성공의 여정으로 펼쳐보시기를 강력히 응원하고 지원하고자 한다. 당신은 이미 행복과 성공을 펼칠 수 있는 황금열쇠를 갖고 태어난 존재이다. 그냥 끄집어내 문을 열어 당당하게 나아가길 기대한다.

2025년 02월
국제멘탈코칭센터
박철수 마스터 코치

목차

01

국제멘탈코칭
센터(MCCI)

천비키 수석코치

멘탈마스터
국제멘탈코칭센터부대표
대한명상협회이사
전)안세영선수멘탈코치
vickey513@naver.com

1. 멘탈게임의 달인들은 누구이고, 어떻게 만들어지나?

특강을 하면 수강생에게 꼭 이런 질문을 던집니다. "여러분은 행복과 성공에 있어 멘탈이 얼마나 중요하다고 보시나요?" 그들은 하나같이 '정말 중요하다, 10점 만점에 최고로 중요하다. 필수이다.'라는 말씀을 주십니다. 그 답변에 저는 다시 이런 질문을 합니다.

"정말, 여러분이 원하는 멘탈이 다 이루어지면 내 삶은 어떻게 바뀔까요?"

그 질문에 청강생들은 "꿈이 이루어질 것 같다. 모든 고민이 사라질 것 같다. 더 이상 이렇게 힘들게 살지 않을 것 같다."라고 말합니다.

이때, 저는 마지막 질문을 던집니다.

"그렇다면, 여러분은 행복과 성공을 위해 진짜 중요한 멘탈을 배울 준비가 되었나요? 국가대표와 프로들이 성과를 냈다는 체계적이고 과학적인 비법에 투자할 각오가 되었는지요?"라고요.

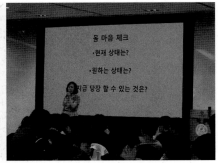

대한체육회 주관 상임심판관을 위한 멘탈특강 장면

많은 분이 당연하다고 말씀하십니다. 뭐든 다 할 수 있게 만드는 힘이 멘탈인데, 당연히 꿈을 이루기 위해선 해야 하지 않겠냐며 뜨겁게 달아오르지요. 그런 분들에게 저는 열정적으로 프로그램 안내를 시작합니다. 하지만, 대부분 어떤 반응을 보일까요? 그렇게 뜨거웠던 문의자의 목소리는 대화하면서 어느새 점점 작아집니다. 그러면서 대화는 이렇게 치닫게 되곤 하지요.

"사실, 제가 이 나이에 배운다는 게 쉽지 않네요. 이제껏 배운 것을 정리하고 사는 게 맞을 듯해요."

"시간이 그렇게 날 수 있을지 모르겠어요. 주말엔 일이 많아서…"

"남편(아내)에게 허락받아야 할 듯해요."

"서울까지 가서 배운다는 게 엄두가 나지 않네요. 지방에서 가기엔 거리가 멀어서요."

"아이가 아직 너무 어려서 힘들 것 같아요."

"솔직히 말해서 그 수업을 들을 만큼 재정적 여유가…."

결국, 자신의 제약과 한계를 떠올리며, '못 할 이유, 안 할 이유' 등이 쏟아져 나옵니다. 이때 저는 코치로서 '멘탈게임'을 시작합니다. 그도 이기고, 저도 승자가 될 수 있는 멘탈게임을 말입니다.

멘탈특강 장면

멘탈게임이란 무엇일까요? 그 실체가 궁금하시지요? 한마디로, 과거의 결과로써의 나로 살 것인가, 미래의 원인으로서의 나로 살 것인가의 순간 '선택 게임'입니다. 즉, 오늘의 나, 지금의 나는 '과거의 결과의 나'로 살 수도 있고, '미래의 원인인 나'로도 살 수 있습니다. 전자는 습관적인 나, 살던 대로의 나로 사는 삶이지요. 편하기는 하지만, 미래는 그저 과거의 연장일 뿐입니다. 후자는 새로운 나, 원하는 삶을 사는 꿈의 나이지요.

그래서 저는 제 특강을 듣는 청강생이 멘탈코칭 공부하고 싶다며 문의할 때, 그들의 잠들고 있던 욕망을 깨우는 멘탈게임을 합니다. 그분이 과거의 나로 살지 않고, 멘탈 공부를 통해 정말 자신이 원하는 꿈을 이루는 '미래의 나'로 살도록 돕는 거지요. 한마디로, 우리 수강생들이 멘탈코칭 전문가 과정에 들어오는 자체가, 이미 멘탈 승자가 된 것입니다.

즉, 이런 모든 제약을 벗어나, 멘탈게임에서 이기고 오신 분들이 멘탈 코치님들이십니다. 특히, 13기 중에는 두드러지게 그런 특징을 갖고 오신, 상징과 같은 분들이 계시지요. 이분보다 더 먼 지역에서 공부하러 오실 수 있을까요? 호주에서, 그것도 연세가 66세에 오신 권순희 코치님처럼요.

호주로 돌아가는 날, 13기 동기   2년 미루고 오신 박현아 코치님과
코치님들이 차려준 파티   13기 동기 코치님들

코로나로 인해 재정적으로도, 정신적으로도 모든 게 멈추어서 죽을 만큼 힘들었다는 분. 그래서, 멘탈 공부의 필요성을 누구보다도 느꼈지만, 돌봐야 할 가족까지 많아 '못 한다, 나는 안 된다'하며 공부를 미루다가, 결국 2년 만에 결정하고 코칭에 들어오신 박현아 코치님.

제가 생각해도 정말 놀라운 분은 바로 평창에서 오신 이미숙 코치입니다. 아이가 너무 어린 데다가 돌봐 줄 사람 하나 없어서 이 과정에 참가하기란 무리였지요. 하지만, 모든 것은 마음먹기, 멘탈에 달린 일! 이미숙 코치님의 간절함, 절박함, 절실함이 닿아서 결국 28개월짜리 아기는 저희 어머니가 돌봐 주셔서 6개월의 과정을 성공리에 마쳤습니다!

28개월 아기를 데리고 평창에서 수업하러 오신 이미숙 코치님

이렇게 멘탈코칭전문가 과정은 입과 시작부터 멘탈 게임의 승리를 경험하는 장엄한 게임의 장입니다. 이 멘탈게임은 여기서 끝이 아닙니다. 매달 열리는 멘탈 수업 과정 때마다, 코치님들의 내면은 전쟁터가 됩니다. 이 멘탈게임은 또 무엇 때문에 일어날까요? 바로 스포츠선수 코칭입니다. 오늘 배운 내용을 다음날 바로 선수를 코칭하라는 특명을 받을 때, 일어나는 여러 가지 마음입니다.

쉬는 일요일, 코칭을 받고자 오는 선수들을 보면 멘탈코칭님들은 한결같이 이런 생각이 든다고 합니다. '정말 도와주고 싶어, 정말 코칭이 잘 되었으면 좋겠어'라는 마음밖에 없다고 하지요. 이 마음이 과하다 보니, 멘탈코칭님들은 시합을 앞둔 선수들같이 긴장합니다.

너무나 잘하고 싶어서 걱정하는 선수들처럼 말입니다. 그들처럼 "너무 떨려", "실수하면 어쩌지?", "포기하고 싶어."라며 부정적으로 치닫는 생각과 감정을 그대로 느끼게 됩니다. 코칭을 앞두고 "할 수 있을까, 안되면 어떻게 하지? 그래도 잘하고 싶어."라고 반복하며 과거의 나와 미래의 내가 싸우는 실전의 장! 이 순간이 바로, 진정한 멘탈게임의 장입니다. 멘탈코칭님들은 매달 수업 시간에 선수코칭을 하면서, 많은 경험을 하게 됩니다.

성공할 때도 있고 실패할 때도 있습니다. 성공할 때는 자신감, 자존감, 존재감의 짜릿한 멘탈 파워를 경험하지요. 반면, 실패할 때는 회복탄력성을 키우게 됩니다. 오히려 자신의 약점이 무엇인지 보완을 하고, '성장 사이클'을 돌리며 배움과 성장의 자양분을 얻습니다. 마침내, "실패는 없다. 오직 도전과 성장만이 있다."라는 격언을 자기 멘탈로 완전히 만들어 냅니다. 그래서, 성공하든 실패하든 그냥 "딱! 좋아."라는 말이 절로 나옵니다. 한없이 성장하기 때문입니다. 이 여정에서 상상하지 못한 큰 선물까지 주어집니다. 시합하면서 전우애가 생기는 것처럼, 코칭 중에 자신과 함께 웃고, 울은 동료들과 성공과 행복의 공동체를 갖게 되는 것이지요.

이제, 과정을 다 마쳤으니 멘탈게임은 끝이 난 것일까요? 아닙니다. 우리 국제멘탈코칭센터 유튜브 채널, 생방송의 주인공이 되어 방송을 찍을 때, 멘탈코치님들의 게임은 또 시작됩니다. 이 방송은 멘탈공부를 통해 삶이 변화되고, 정말 도움을 많이 받았다며 간증하는 방송인데요, 대부분 코치님은 방송이 처음이다 보니, 생방송을 찍기 전엔 이런 말씀을 주십니다.

"잘 할 수 있을까요? 사람들 앞에 얘기한다는 게 너무 떨리고, 가슴이 뛰는데, 되려 패가 되지 않을까요?" 하면서 말이지요. 하지만, 그들의 가슴 속엔 이미 멘탈의 승자가 있습니다. 6개월 동안 갈고 닦아, 잠자고 있던 최고의 멘탈코치가 깨어나, 살아 움직이고 있는 것이지요. 아니나 다를까, 무대에 세우지 않았으면 어쩔 뻔했지 할 정도로 방송인처럼 어쩌나 말씀을 잘하시는지, 저도 깜짝 놀라게 됩니다.

자, 이렇게 여러분은 우리 멘탈코치님들이 어떻게 멘탈게임을 통해 성장하고 더 큰 행복과 성공을 만들어 나가는지를 보셨습니다. 당신도 그런 멋진 삶을 살고 싶나요? 과거의 나를 벗어 던지고 미래의 원하는 나로 살고 싶다면 앞으로 이렇게 해보자고요. 힘들고, 어려운 상

멘탈코칭전문가 과정을 마친 후 방송을 촬영해 주신 이영광 코치님, 윤소진 코치님

황은 고통과 괴로움이 아닌 도전의 상황이라고. 과거의 나를 뛰어 너머 미래의 내가 될 기회라고 속삭여 주세요. 그리고, 내 앞의 도전할 일에 다음과 같이 선언합시다.

"지금은 멘탈게임이야!"

"인생은 게임이고, 멘탈게임이야!"

그 순간 여러분 또한 (멘탈코치님들처럼) 승자의 멘탈이 될 것입니다.

멘탈코칭 정규과정이 끝난 후, 평생학습을 지향하는 멘탈 포럼 단체 사진

이은선 코치

국제멘탈코칭센터 팀장
주디독서지도대표

silverpri@naver.com

나는 승리에 사로잡힌 사람이 아니라,
오직 진실에 사로잡힌 사람이다.
나는 성공에 사로잡힌 사람이 아니라,
내 안에 있는 빛에 사로잡힌 사람이다.

– 미국 16대 대통령, 에이브러햄 링컨

그림없는 그림책 『양하나 말하나』 워크북에 그린 한 장면

1. 저에게 멘탈코칭이란

저에게 멘탈코칭이란, 빛의 기적입니다. 살다 보면 한 번쯤은 만난 다는 인생의 터널에서, 저는 멘탈코칭을 만났습니다. 그 당시 저는 그 누구보다 셀프토킹의 질이 낮은 사람이었습니다. 셀프토킹의 질이 낮 은 사람 뽑기대회가 있다면 아마 1등이었을 것입니다.

멘탈이란, 셀프토킹의 질이라는 재정의를 토대로 멘탈코칭 전문가 과정을 배우며 점점 멘탈이 좋은 사람이 되어갔습니다. 저의 터널에 도 한 줄기 빛이 들어오기 시작하면서, 불가능할 것 같았던 멘탈코칭 전문가과정을 수료하고, 국가대표 요트선수를 멘탈코칭하러 태국까 지 가는 기적도 경험했습니다.

태국에서 국가대표 요트선수들과 함께 기념촬영

지금은 경북체고 배구팀, 인천 제물포고 야구팀, 인천 관교중학교 펜싱부, 평창 고등학교 레슬링선수, 충남 아산 태권도 선수, 강원 영월 상동고등학교 야구부, 멘탈코칭 전문가과정 써포트코치 등 멘탈코칭을 통해 빛의 기적들을 경험하고 있습니다. 게다가 또 하나의 기적, "13기 코치님들과 함께하는 책 공저라니~ 어메이징입니다!"

2. 빛의 현장

1) 태교를 위한 그림책 멘탈코칭

그림책 코치로 활동하던 저는, 태교에 멘탈코칭을 접목해보았습니다. 출산을 앞두고 불안, 긴장하던 산모님과 아버님과 함께 포스트잇 기법과 타임라인을 해보았습니다. 출산에 대한 답답한 것들이 해소되고, 앞으로 어떤 일이 생길지에 대한 기대감과 설렘, 세 가족이 앞으로 나아가야 할 방향성을 발견하고 경험하는 시간을 선물해드렸습니다. 엄마 뱃속에서부터 멘탈코칭을 경험한 아기의 미래가 궁금합니다.

부부가 함께 포스트잇 활동 중인 태교그림책 멘탈코칭

2) 신앙인을 위한 멘탈코칭

코로나 이후 활기가 적어진 서울의 한 교회. 목사님, 사모님, 장로님, 권사님, 집사님…. 시니어 성도님들이 모인 자리에 멘탈코칭을 경험하게 해드렸습니다. 교회의 현재 모습, 원하는 교회의 모습을 포스트잇에 적고 교회가 나아가야 할 방향에 대해 한마음이 되어 타임라인을 걸어보았습니다. 아이처럼 신나게 활기를 찾으시는 모습을 보며 멘탈코치로써의 사명이 샘솟는 경험이었습니다.

포스트잇 활동 후 교회에 붙여놓은 모습

3) 그림없는 그림책과 멘탈코칭

초등 5학년 때부터 중1이 된 지금까지, 저와 함께 전화로 그림책 코칭하는 친구가 있습니다. 13기 코치님 중에 그림없는 그림책 작가님이 계셨는데 그분이 선물해주신 그림책을 수업에 활용하여 멘탈코칭도 접목해보았습니다. 그림 그리기를 좋아하는 친구이기에 그림없는 그림책을 1주일에 1장씩 스스로 채워나가는 시간을 너무 행복해하고 있습니다. 함께 그림을 그리며 현재 나의 상태, 원하는 상태에 관한 대화를 나누는 시간을 통해 자존감이 향상되고 있음을 본인 자신도 실감하는 중입니다. 그림없는 그림책을 완성하고 나면 작가님에게 자랑할 계획입니다.

(좌)『양하나 말하나』/ 양덕모 지음 / 부카플러스 출판사
(우) 중1 친구가 그린『양하나 말하나』그림없는 그림책 워크북 중 한페이지

4) 언제 어디서나 그 누구에게나 :

　　멘탈코칭의 매력은 뭐니뭐니 해도 남녀 노소 장소 불문 가능하며 성과가 중요한 운동선수에게 필수적인건 두말할 필요도 없습니다. 게 다가 태교부터 청소년, 시니어, 신앙인 그리고 일상에서도 멘탈을 잡 아야 하는 순간은 누구에게나 있기 마련이기 때문에 멘탈코칭은 남녀 노소 모두 가능하다는 것이 강점입니다. 무엇보다 제가 제일 좋아하 는 멘탈코칭의 매력은 장소를 가리지 않는다는 것입니다. 전지훈련 중인 국가대표 선발전을 앞둔 요트선수와 태국의 바닷속에 뛰어들어 멘탈코칭을 했던 경험은 잊을 수 없습니다. 지인들과 만나는 카페에 서도 가능한 멘탈코칭~ 포스트잇 대신 냅킨을 활용할 수도 있습니다.

태국 바다에서 나에게 보내는 응원 메시지를 외치는 요트선수의 모습

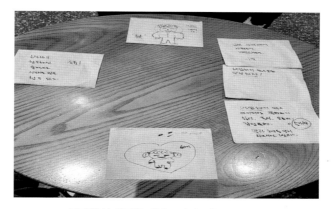

카페에서 냅킨을 활용, 멘탈코칭하는 장면

3. 저는 이런 코치가 되고 싶습니다.

지금의 저는 어느새 터널을 빠져나와 자신에게 빛이 되고 있습니다.

문득문득 부정 셀프토크가 올라올 때면 "딱 좋아!"를 외치며 빨리 긍정 모드로 전환하고, 고민거리가 생길 때면 집에 붙여놓은 타임라인을 따라 원하는 모습을 상상하며 홀로 타임머신 여행을 즐기곤 합니다.

저는 이런 코치가 되고 싶습니다. 예전의 저처럼 부정으로 가득한 셀프토킹 중인 분들, 원하는 모습 대신 고민거리를 잔뜩 안고 있는 분들에게 "딱 좋아! 왜냐하면~?" 이라는 빛의 질문을 쏘는 코치가 되고 싶습니다.

모든 사람은 빛을 향해 나아간다고 합니다. 단지 발견하지 못했을 뿐 세상에 빛은 항상 존재합니다. 그 빛을 향해 함께 걸어가는 코치가 저는 되고 싶습니다.

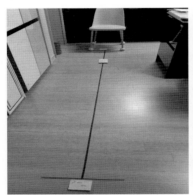 

(좌)셀프코칭하기 위해 집안에 붙여놓은 타임라인
(우)13기 코치님들을 써포트하며 행복한 모습

세상에는 항상 빛이 존재한다.
그곳에 멘탈코치가 있다.
남녀노소 장소 불문의 매력, 멘탈코칭 파이팅~!!!

쯔게 요이치로 코치

새로운 도전을 향해 나아가시는 13기 코치님들을 응원합니다.
13기 여러분, 멘탈코칭 과정 수료를 진심으로 축하드립니다.
8개월간의 여정은 어떠셨나요?

분명 여러분들의 인생이 더욱 빛날 수 있는 존재방식, 관계 맺는
방법, 그리고 소중한 동료를 얻으셨으리라 믿습니다. 여러분과 같은
한 명의 멘탈코치로서 저의 근황을 말씀드리겠습니다.

89세인 어머니가 계십니다.
어머니는 치매를 앓고 계셔서 혼자 걷지 못하고 요즘은 정상적인
대화가 불가능할 때가 많습니다. 그럼에도 불구하고 코칭적 존재방식
으로 관계를 소중히 여기고 있기에, 지금 여기에서 어머니만이 보고
있는 세상을 함께 볼 수 있게 되었습니다. 어머니가 보고 있는 세계,
느끼고 있는 세계를 함께 맛볼 수 있었습니다.

이번 파리 올림픽에서 저는 레슬링에서 동메달을 딴 선수의 코칭
을 맡았었답니다. 저는 레슬링을 전혀 못하지만, 그녀가 보고 있는 세
계, 느끼고 있는 세계를 함께 맛볼 수 있었습니다.

우리는 다양한 사람들의 세계를 함께 경험하고, 그들에게 도움이 될 수 있답니다.

그러기에 멘탈코칭은 참 멋진 일이라고 생각한다.

두 가지 유형의 커뮤니케이션

자신과의 대화, 타인과의 대화

이 두 가지 커뮤니케이션의 질이 향상되면 우리 삶의 질이 향상된다고 생각합니다.

여러분 자신의 삶이 더 풍요로워지고,

여러분의 주변 사람들의 삶이 더 풍요로워질 것입니다.

여러분의 앞으로의 여정을 응원합니다.

다시 한번 성공적인 마무리를 축하드립니다.

앞으로 더 멋진 세상을 함께 만들어 갑시다.

필드 플로우 대표

쯔게 요이치로

02

13기 멘탈코치

염동철 코치

한국체육대학교 스포츠과학대학 체육학과 교수

mangjark@hanmail.net

1. 나의 흑역사

30년 넘게 스포츠 지도자의 역할을 수행하면서 어떻게 하면 잘 지도를 할 수 있을까에 대한 끊임없는 노력과 고민으로 새로운 훈련법, 수업 방법론 등을 찾고 적용하고 하였다. 그러한 무게를 오롯이 혼자 견뎌 왔기에 이번 멘탈코칭전문가 과정에 참여하면서 그러한 생각들을 떠올리며 많은 생각들을 하게 되었다.

교수이기 전에 선수 시절을 경험했던 나였기에 자신과의 싸움이 얼마나 외롭고 힘든지 잘 알고 있었고 그렇기 때문에 학생들이 겪어 내야만 하는 모든 상황들을 공감한다. 그렇지만 한편으로 선수생활 당시 나의 태도와 멘탈을 비교하여 고통을 당연히 이긴다고 여기며 모두가 해낼 수 있으리라 생각하고, 그것을 학생들에게 요구했던 것이 나의 오판이었다는 생각에 부끄럽기도 했다. 지도자로 살아온 오랜 시간의 나의 '삶'을 선수는 스스로가 멘탈을 바로 잡고 목표를 수립하고, 계획하고, 실행하며 고된 노력의 시간을 버텨야 하며, 그것은 선수가 짊어지고 가야 할 당연한 시간의 연속이라고 단정 짓고 있었다.

2. 멘탈코칭의 이유

그러다 8년 전 우연히 스포츠 멘탈코칭을 접하게 되었고 그러면서 내 스스로의 코칭 방법보다는 학생의 멘탈을 강조하고 요구했던 것이 나의 큰 '실수'였음을 깨닫게 되는 계기가 되었다. 그럼에도 불구하고 차일피일 미루다가 8년 만에 스포츠 멘탈코칭 전문가 과정의 문을 두드려 공부를 시작하였다.

직접 스포츠 멘탈코칭을 공부하고 경험하면서 그동안의 외로움과 스포츠 지도자로 또는 선생님(교수)으로 느껴왔던 갈증과 고민들을 어떻게 해결할 수 있는지를 알게 되었고, 지난 세월 지도자로서 혹은 교육자로서 나의 경험을 바탕으로 멘탈코칭 수업의 범용적 방법론을 바탕으로 스포츠 현장에 적용하기 위한 고민을 시작하게 되었다.

나와 희망이(학생)들에 대한 실제 사례의 경험이 이미 충만한 상태였기 때문에 이론과 실습을 우리 학생들을 위한 수업에 맞게 기획하고 그것을 능동적으로 적용하는 것이 크게 어려운 일은 아니었다.

MCCI 13

3. 멘탈코칭을 위해 다양한 분야와의 협력

　나는 수업의 설계를 위해 우선 희망이(학생)들이 겪을 것이라 예측되는 어려움 혹은 두려움에 대한 내용들을 기록했다. 이를 통해 코칭 수업 실습 설계안을 만들고 협력 가능한 파트너 등과 함께 다양한 R & D를 진행하였다. 이 과정을 통해 지난날 나 혼자 희망이(학생)의 코칭 방법에 대한 고민을 해결해 보기 위한 시도가 얼마나 힘든 과정이었는지 새삼 느끼게 되었다. 어떠한 분야이든 시너지를 내기 위해 분야별 편견과 담을 허물고 협력 구조를 만드는 것이 서로 시너지를 낼 수 있는 원동력이 될 수 있음을 느꼈던 시간이었다.

　내가 가르치는 종목은 '역도'로, 이 종목은 기량을 올리기 위해 성장의 과정을 오롯이 혼자 견디고 그 과정을 겪어야만 하는 외로운 종목이다. 그 과정을 단순화하면 '중량'를 들어올리기 위한 훈련과 '멘탈' 이렇게 두 가지 카테고리로 분류하여 이야기할 수 있고 나는 이 두 가지를 코칭법에서 태도와 도구 이렇게 두 가지로 방법론으로 설계하여 지난 6개월 우리 희망이들 수업에 실습 적용하였고, 이러한 과정에서 도출한 데이터를 바탕으로 나의 코칭법을 개발할 수 있었다.

LINK & 구르미와의 약속

(좌) LINK Table Tookbox / (우) LINK Table Communication

LINK Zone & LINK Drawing

LINK Empathy Time

LINK / separately and together

4. 코칭을 위한 나의 각오

목표의 과정에 동기유발(motivation)을 어떻게 세우고 반복되거나 흩뜨려버리는 생각을 반복적으로 성장사이클(growth cycle)을 계속 생각하고 태도를 바꾸고 행동하면서 성장하는 것을 나 스스로가 알고 있었으나 나는 희망이(학생)들에게 어떻게 코칭을 해야 하는지도 혼란스러운 부분이 있었다.

이렇게 오랜 시간 외롭게 코칭법에 대한 고민을 힘겹게 이어오던 지난 시간들에 대해 이제는 홀가분하게 마음을 내려놓을 수 있을 것 같아 든든한 마음이다. 그 배경에는 지난 6개월의 멘탈코칭 수업 과정을 통해 체계적이며 깊이 있는 코칭 방법론을 습득할 기회가 되었다. 특히 같은 목표와 에너지를 가진 파트너가 모여 같은 고민을 나누고 문제를 해결하고자 협력하는 과정은 '교수'를 넘어 희망이 들을 위한 '코칭' 전문가로 변신하게 만들어 주었으며, 이번 13기 멘탈코칭 수업을 통해 명확해진 의미와 방법 그 경험을 통해 나 자신의 멘탈이 성장함을 경험하였기에, 이제 우리 희망이(학생)들의 목표와 방향을 제시하는 나침반의 역할을 할 수 있을 것이라는 기대감과 설레임에 충만감을 느낀다. 무엇인가를 알게 되고 그 과정을 누군가에게 적용할 수 있음에 다시 한번 감사하다.

앞으로 10년 나의 '삶'은 스포츠 지도자, 역도 감독, 코치를 넘어 희망이(학생)들의 인생에 대한 길을 안내하는 교수이자 방향을 제시하는 나침반의 역할자로서, 공감하고 함께 성장하기 위한 노력을 게을리하지 않으며 '말'보다는 '실행'하는 지도자가 되고 싶다. 그리고 아름다운 세상과 멋진 인생을 계획하고 즐겁고 행복한 '삶'을 안내하는 코치가 되도록 노력하고 싶다. 앞으로의 시간을 앞으로의 나의 미래를 위해 보람을 느낄 수 있는 시간이 될 수 있도록 함께 하고 있는 많은 분들에게 감사함과 성과의 성장으로 행복을 느끼며 언제나 동반자로 동지로 사랑하며 전진하고자 한다. 지금의 행복은 과거의 부끄러움과 부족함의 인정으로 나 스스로를 더 성장시키고 있다. 멘탈코칭으로 (LINK)

5. 교수가 변해야 학생이 변한다.

"교수가 변해야 학생이 변화한다"를 기본으로 이제는 선생님 스스로가 변하지 않으면 교육의 패러다임을 바꿀 수 없으며 성장할 수 없다. 많은 교사들과 코치들이 자신의 경험을 바탕으로 학생 혹은 선수들을 코치한다는 것이다. 이에 나는 급변하는 시대에(AI 시대) 발맞출 준비를 해야 하며, 이것은 일방적 코치의 계획과 방향을 넘어 학생 혹은 선수 스스로가 자기주도형 성장을 위한 목표를 설정하고 그 과정을 지속 가능할 수 있도록 내적 동기를 끌어 줄 수 있는 코칭 방법을 제시해야 한다.

학생·선수가 명확한 의도를 매일 확인하고 노력하는 자세를 갖도록 도와주며 멘탈코칭을 통해 개인의 목표력을 도달할 수 있도록 자기주도형 계획의 성장을 도와줄 수 있도록 코칭해야 한다. (ROA : Reality, Output, Approach 매일 자신의 상태를 체크하고 곧바로 태도를 바꾸어 실행하는 방법)

기존의 방법보다는 상황에 맞게 대처하고 학생 중심의 교육이 될 수 있는 코칭 방법으로 바꾸어 학생 개개인의 성향을 파악 및 분석하여서 한발 물러난 자세의 관찰자로 그러나 학생들에게 가이드를 주어야 할 때 적극적인 서포터의 역할자 개념의 코칭 전문가로서 미래를 계획하고자 한다.

한국체육대학교 역도부

LINK로 하나된 한국체육대학교 역도부

고경희 코치

영진에셋 재무설계사

뇌상담사

멘탈코치

cinizone@naver.com

1. 삶을 편하게 하는 도구를 얻었다.

많은 사람이 그러하듯 나는 쉽고 편한 것, 효과적이거나 효율적인 것을 좋아한다. 그러다보니 사용해서 나한테 뭔가 도움이 되는 것에 관심이 많다.

삶을 살면서 도구가 있으면 편리할 때가 종종 있다. 우리가 늘 휴대하는 스마트폰만 해도 잘 사용했을 때, 얼마나 많은 편리함을 주는가? 스마트폰처럼 멘탈코칭이란 나에게 삶을 편리하게 해주는 도구와 같다.

'도구'의 사전적 의미로 여러 개가 있지만 내가 의미하는 건 '어떤 목적을 이루기 위한 수단이나 방법'이라고 볼 수 있다. 어떤 문제를 해결하기 위해, 혹은 어떤 목표를 갖고 그 목표를 달성하기 위해 내가 할 수 있는 다양한 수단이나 방법이 있으면 유리하다. 문제를 해결하거나 내가 하고자 하는 일의 목표를 달성할 확률도 높아진다.

나에게 멘탈코칭이 그런 도구와 같다. 더 좋은 건 이게 나에게만 쓰여지는 게 아니라 다른 사람들에게도 쓸 수 있고 적용이 되어 효과가 있다는 거다. 그런 면에서 이처럼 쉽고, 빠르게 나 뿐만 아니라 다른 사람에게도 적용 해서 변화를 만들 수 있는 강력한 도구가 또 있을까? 라는 생각이 든다.

2. 누군가에게 선한 영향을 주는 코치가 되고 싶다

우리는 모두 반짝이는 보석 같은 존재다. 그렇게 태어났고, 그렇게 살 수 있는 존재인데, 살면서 자라온 환경에 따라, 배워온 것에 따라 많은 제약 속에 살아가게 된다. 제약에 갇혀 자유롭지 못하고, 억눌려 있다는 것조차 모른 채 그렇게 살아가고 있는 사람들이 종종 있다.

원래는 반짝이고, 투명한, 깨끗한 보석이었는데 살면서 먼지도 앉고, 비도 맞고, 눈도 맞고 그러다 보니 지저분해지고, 이젠 반짝이고, 값진 보석이었나 싶을 정도로 지저분해져 보석인 것도 알지 못한 채 살아가는 사람. 우리가 때때로, 혹은 많은 시간을 그렇게 살아가고 있는 게 아닐까 생각한다.

우리가 귀한 보석이라는 걸 잊고 살아가는데 누군가 '너 보석이야' 라고 알려주고 깨끗한 거울에 비추어 줘서 알게 되는 것처럼, 그래서 잊고 있던 걸 알게 되고, 처음의 그 존재로 돌아가서 반짝이며 고귀한 존재로 살아가는 것에 관심이 많다.

이처럼 누군가에게 '영향'을 준다는 건 가슴 벅차고 보람 있는 일이기도 하지만, 한편으로는 무거운 책임감을 느끼게 하는 일이기도 하다. 그래서 더 두렵기도 하다.

내가 모든 사람에게 변화를 만들 수는 없겠지만, 누군가 나로 인해 자기 자신이 소중한 보석 같은 존재란 걸 깨닫게 되고, 삶에서 각자만의 빛을 발하며 반짝이며 살 수 있는 작은 변화의 시작점이 되었으면 하는 바람이 있다.

3. 머리로 아는 것과 몸으로 아는 것의 차이를 깨달았다.

유리멘탈, 두부멘탈이라는 말이 있다. 멘탈 약한 사람을 뜻하는 말이다. 과거의 나는 유독 그게 심했다. 내성적이며, 소심했던 나는 멘탈 관리하는 게 쉽지 않았다. 겨우 부여잡고 살아야 했고, 매번 노력 해야 했다. 그러면서 나만의 방법을 찾아서 살아오던 차에 MCCI에서 개최하는 멘탈코칭전문가 과정을 접하게 되었다.

처음 멘탈코칭을 접했을 때 '나는 코치 관련 일을 하는 것도 아니고, 앞으로도 안 할 건데 이게 나한테 필요할까? 뭐, 굳이 안 해도 되겠지?'라는 생각이었다. 그런데 귀가 얇고, 나의 계발과 확장에 관심이 많던 나는 결국 멘탈코치과정을 시작하게 되었다. 어떻게 보면 운이 좋았던 거 같다. 이렇게 좋은 도구를 알게 된 것, 미루지 않고 바로 시작하게 된 것은 천운이라 생각한다.

무엇보다도 멘탈코칭을 하면서 알게 된 많은 기법 중 가장 하나를 꼽으면 시각화해서 나열하는 것이다. 머릿속에서 둥둥 떠다니는 생각을 눈에 보이게 적고, 그걸 나열하는 게 얼마나 크고, 강력한지 새롭게 알게 되었다. 분명 몰랐던 게 아니었고, 내가 읽었던 많은 책에서도 언급되었던 부분이다. 그런데 그걸 머리로 아는 것과 몸으로 아는 것에는 많은 차이가 있었다.

나에게 적용해도 그렇지만, 주변 사람들에게 해봐도 99.9% 효과가 있었다. 코칭 경험을 쌓기 위해서 주변 사람들에게 요청했고, 관대하 게도 나에게 기회를 준 덕분에 다양한 사람들에게 코칭을 해볼 수 있었다.

코칭을 하면서 느낀 건 '시각화하는 게 정말 강력하네!' 였다. '나에게만 적용되는 게 아니라 다른 사람에게도 적용되는 게 신기했고, 사람들 머릿속에 둥둥 떠다니는 생각을 끄집어내서 펼쳐놓는 것만으로도 이런 효과가 있구나. 사람들은 모두가 알고 있는데 그걸 알아 차리지 못하고 있구나'라는 걸 깨닫게 되었다.

머릿속의 생각을 끄집어 내서 시각화 하고, 나열하는 모습

내가 한 거라곤 질문하고, 기다리고, 펼쳐서 볼 수 있도록 촉진하 는 것이 전부였다. 그런데 스스로 답을 찾고, 목표로 한 것에 조금씩 다가 가는 게 신기했다. 머리로 아는 것과 몸으로 아는 것은 휘발성 메 모리와 비휘발성 메모리 같았다. 몸으로 체득하고 나서야 비로소 알 게 되었다. 내 목표와 내가 할 일이 나에게 각인 되는 것 같은 느낌이었다.

나도 그러했지만, 코칭을 받았던 사람 역시 비슷한 피드백을 해주 었다. 인터뷰를 통해서 알게 되었던 자기의 목표(다른 표현으로 인터 뷰를 진행했지만 쉽게 말해 목표라고 표현함)가 머릿속에서 떠나지 않는다고 했다. '이걸 진짜 내가 정말 원하는구나'라는 생각과 그때 떠 올렸던 그 장면이 머릿속에서 계속 떠다닌다며 웃으며 말을 했다. 그 말을 하는데 답답함이 아닌, 자유로움이 느껴져서 나 또한 가슴 뭉클 했다.

4. 두려움이 나에게 주는 것

처음에 멘탈코칭을 경험하고 나서는 "내가 제대로 한 게 맞나?", "효과가 없으면 어떻게 하지?" 등등 여러 생각과 함께 불안함과 좌절 감이 먼저 느껴졌다. 배운 걸 그대로 해보되, 고객에게 초집중했지만 집중하면서도 순간순간 머릿속으로는 여러 가지 생각이 돌아갔다. 잘 하고 싶은 마음과 부담감이 함께 있었던 거다. 그렇지만 그 순간 내가 할 수 있는 건 고객에게 집중하고, 마음을 다하는 것. 그뿐이었다.

여러 차례의 경험이 쌓이고 나니 조금은 여유로워졌나 싶으면서도 여전히 나는 두렵다. "잘 할 수 있을까?", "그 사람이 못 보는 것, 놓친 것을 보게 할 수 있을까?" 등등 여러 생각이 올라온다. 그런 두려움은 고객이 잘되었으면 하는 바람, 고객이 원하는 걸 성취 했으면 하는 바 람에서 오는 거였다.

처음으로 중학생인, 태권도 하는 학생 코칭을 했을 때 중학생과 대화할 일이 별로 없었던 탓에 걱정이 한가득이었다. 코칭을 잘하고 싶은 마음에서 오는 걱정이었다. 그런데 막상 코칭을 할 때는 두려움은 저 뒤로 하고, 나는 중학생 친구에게 집중하고 있었고, 많은 대화를 나누었다. 질문하고, 답변을 듣는데 어느 순간 울컥거리면서 우는데 순간 나도 놀랐다. 불안한 마음이 있었고, 자기가 애쓰고 있는 걸 알아차리게 된 것이다. 무엇에 집중해야 할지 알게 되었다며 고맙다며 웃으며 인사하는데 순간 기쁨을 주체할 수가 없었다.

그때 알게 되었다. '수많은 경험이 쌓이더라도 어차피 매번 할 때마다 두려움은 올라오겠구나' 그런데도 나는 그 순간에 집중해서 하겠구나. 두려움은 경험이 없어서, 혹은 잘하고 싶어 하는 나의 마음이 반영된 거라는 걸 알게 되었다.

어차피 앞으로 내가 경험하는 어떤 일도 전부 처음이다. 그때의 내가 경험하는 건 전부 처음일 테니 두려움은 그냥 나와 함께 하는 동행자이다. 그러니 기꺼이 반겨주고 함께 가야겠다.

전문가 과정에 함께 한 동기들과 공부하는 모습

운동선수 코칭하는 모습

권순희 코치

명상안내자
멘탈코치
dahlsoonhee@gmail.com

1. 내면의 본래의 나를 찾아주고 싶다

우리 삶의 궁극적인 해답은 내 안에, '본래의 나'에 있다. 나는 호주에서 15년째 명상단체에서 자원봉사로 명상지도를 하고 있다.

그런 내가 먼 호주에서 이곳 한국을 오고가면서 멘탈코칭을 공부하게 된 계기는 매우 단순하지만, 우리 명상 센터의 수련생들을 더 잘 도와줄 수 있지 않을까 하는 바람으로 시작하게 되었다. 즉, 이 멘탈코칭 방을 배워 한 사람이라도 더 자기 안에 있는 '본래의 나'를 찾을 때까지 끈기있게 수련할 수 있게 도울 수 있다면 정말 가치있는 일이라 생각되어 참가하게 되었다.

내가 배운 명상은 한국에서 창시된 '마음수련' 명상인데, 내가 사는 호주 서부 '맨듀라'에도 지역수련원이 2009년에 오픈되었다. 그동안 많은 현지분들이 이 명상방법으로 자기 안에 있는 '본래의 나'를 찾아 삶의 행복을 되찾고 있다.

그럼에도 불구하고 가끔은 꾸준히 하기 힘들어 하시는 분들이 있어, 이 분들을 어떻게 도와줄 수 있을까 고민하던 차에 천비키코치님의 특강을 듣게 되었다.

"자기 안에서 스스로 동기부여를 찾도록 도와주는 것이 코칭이다." 내가 아는 코칭이란 코치가 답을 알려주는 것이라고 생각했었다면, 이 멘탈코칭은 '고객이 자기 안에서 스스로 그 답을 찾아가도록 도와주는 것'이라는 것이다.

둘째로는 이 멘탈코칭에서 말하는 '몸을 움직이며 하는 코칭'이 도대체 무엇일까 궁금했다. 과연 이 코칭이 도움이될까 반신반의했지만 결국에는 내가 여기서 배운 것을 가지고 한 사람이라도 더, '본래의나'를 찾는 여정에 도움을 줄 수 있다면 충분히 가치 있는 일이라 생각이 되어서 거리(호주－한국)를 무릅쓰고 시작하게 되었다.

2. 즉각적인 성과를 경험했던 멘탈코칭

나도 직장생활을 한 경험이 있어 이러저러한 많은 교육을 받았지만 본 과정에서는 이론수업보다는 간단한 설명 후에 실제 방법·도구를 시범으로 보여주고, 바로 우리가 몸을 움직여서 직접 해보고 스스로 느끼고 체험하며 일어나는 배움은 파워풀했다. 더 놀라웠던 것은 내가 모르는 어떤 분야의 고객을 대상으로도 멘탈코칭이 가능하다는 것이었다. 그리고 이틀에 걸쳐 실습한 코칭스킬을, 배운 직후에 스포츠 선수들을 대상으로 현장감있게 멘탈코칭을 했다는 것은 획기적인 경험이었고 배움이었다.

"처음에는 이렇게 바로 코칭한다는 것이 정말 가능할까?"

"내가 할 수 있을까?" 믿을 수 없었다.

코칭 실습 당일날 파트너 코치님 그리고 나, 멘탈코칭이 처음인 우리에게 실전코칭은 도전일 수밖에 없었다. 하지만 배운 것을 최선을 다해 코칭하는 과정에서 관찰된 선수들의 변화는 놀라웠다.

"코칭을 받아보니 그전에는 막연히 걱정만 되고 스트레스만 쌓였었는데 생각과 마음이 정리되었고, 목적과 목표가 뚜렷해졌고, 그것을 달성하기 위해 무엇을 어떻게 해야할지가 명확해졌습니다."

우리는 그저 그 모든 해답을 자기 안에서 찾을 수 있도록 도와주었을 뿐이었다.

3. 멘탈코칭의 '참'을 보았다.

호주에 돌아와서의 사례이다. 정신적으로 불안정했고 스트레스를 많이 받는 40대 호주 여성분이었다. 명상수련이 정체된 느낌이고 더 이상 수련하기 힘들어 그만두고 싶다고 하여 멘탈코칭을 시도하였다. 그결과 자기 삶에서 가장 중요한 것이 자신의 정신적 건강과 가족이라는 것을 스스로 찾게 되었고, 그래서 정신적으로 건강해지기 위해 어떤 것들이 필요한지를 찾아냈으며, 이것을 수레바퀴에 수치화하고 이미지화 하면 그런 바퀴를 달고 인생을 펼쳐 나가는 것이 얼마나 고통스러운 일인지를 알아차릴 수 있었다. 그러고 각각의 요소들에 대해 이야기를 나누면서 자신의 상황을 객관적으로 살펴볼 수 있게 되어, 자신의 수레바퀴가 잘 굴러가기 위해 무엇을 우선적으로 고려해야 하는지를 알게 되었다.

이 과정에서 심적으로 많이 힘들고 스트레스 쌓였을 때 수련을 통해 마음을 버리고 자기가 훨씬 마음이 안정되고 자신감도 더 생겼던 경험을 떠올리게 되었다.

딸과의 관계에 있어서도, 일어났던 부정적인 사건들, 관련된 생각들, 걱정, 불안들을 먼저 버려야지 이 관계가 좋아지겠구나... 사업에서도 진짜 자신감은 그 '본래의 마음에서 나오는구나'…. 우선 수련을 제대로 해야겠구나

라는 결론에 도달했고, 수련을 잘하는 방법들도 구체적으로 적어볼 수 있었다. 그 수련생이 스스로 자기 안에서 그 답을 보게 된 것이 참으로 놀라웠고 정말 기뻤다. 그녀와의 경험에서 멘탈코칭의 참을 보았다.

자기 안에 '본래의 나'를 찾고 행복을 찾은 현지인 수련생들

원더풀멘탈

멘탈코칭을 통해 더 뚜렷해진 부분이 있다. 지난 8월 마지막 세션에서 2인1조 멘탈코칭 실습이 있었다. 태어나면서 현재까지의 나의 삶을 여러각도에서 돌아보는 활동이었다. 45살 때까지 살아 온 나의 삶과 45살 때 빼기명상을 만나고 수련하면서, 깨우침이 오고 180도 달라진 나의 삶의 차이! 다시 한번 그 차이를 극명하게 볼 수 있는 시간이었다.

우리의 '본래'를 찾을 수 있는 방법이 이 빼기명상에 있다는 것을 알려야 한다는 나의 사명감과 비젼, 목표 또한 더 뚜렷해지는 시간이었다. 이 멘탈코칭은 앞으로 나의 사명과 비젼, 목표 성취에 분명히 도움이 될 것으로 보고 있으며 계속 어떻게 활용하면 좋을지를 연구해야겠다.

든든한 동기애로 똘똘뭉친 13기 동기들

김귀숙 코치

멘탈코치

도슨트

picoplanet24@gmail.com

Wonderful Mental !

1. 멘탈코칭은 동반성장의 과정

호기심이 많은 나에게 새로운 배움은 언제나 설렘을 가져다 준다. 멘탈코칭과의 만남 역시 그러한 특별한 경험 중 하나였다. 인생의 전환점에서 만난 멘탈코칭은 내 삶에 큰 변화를 가져다 주었다. 감정의 변화가 생길 때 이를 알아차리고 무의식적으로 지나칠 수도 있었던 나의 마음 상태를 들여다 보고 이해하는 연습을 하기 시작하게 되었다. 멘탈코칭을 배우고 실습하는 과정에서는 코칭이 타인의 삶뿐만 아니라 내 삶에도 변화와 성장을 가져다주는 힘이 있다는 것을 알게 되었다. 나에게 멘탈코칭은 함께 성장하며 주변 사람들에게 긍정적이고 선한 영향을 미치는 과정이다.

2. '생각의 정원사' 같은 코치

몸의 근육을 단련하기 위해 규칙적인 운동이 필요하듯, 멘탈 강화를 위해서도 꾸준한 연습과 훈련이 중요하다. 나는 멘탈코칭을 통해 많은 사람들이 마음의 근육을 키워나가고, 스스로 성장할 수 있는 환경을 마련해 주는 '생각의 정원사' 같은 코치가 되고 싶다. 더불어, 쯔게 요이치로 코치의 할머니처럼 나도 미래의 손자손녀들이 자신의 가능성을 최대한 발휘하여 꿈을 마음껏 펼칠 수 있도록 따뜻하게 지지하고 응원해주는 든든한 '할머니 코치'가 되고 싶다.

3. 멘탈코칭과 함께하는 여정

새로운 시작은 종종 예상치 못한 곳에서 찾아온다. 멘탈코칭과의 인연도 그렇게 시작되었다. 오랜 시간 외국계 금융회사에서 쌓아온 커리어를 뒤로하고, 새로운 인생의 장을 열어갈 때 내게도 변화의 시간이 찾아왔다. 은퇴 후의 삶은 시간의 여유와 여행의 자유로움을 선사해 주었지만, 동시에 제2의 인생을 어떻게 살아가야 할지에 대한 깊은 고민도 함께 안겨주었다.

고민을 해결하고자 여러 사람들을 만나 그들의 이야기를 듣고, 관심 있는 다양한 경험을 탐색하던 중, 우연히 한 분을 통해 멘탈코칭이라는 분야를 처음 접하게 되었다. 그분은 자신의 경험담을 통해, 유리멘탈이었던 자신이 멘탈코칭을 배우고 난 후 삶이 어떻게 변화했는지 생생하게 들려주었다. 도대체 멘탈코칭이 무엇이기에 사람의 삶에 그렇게 큰 변화를 가져다 줄 수 있는지 궁금했고, 나도 배워보고 싶다는 생각이 들어 학습 멘탈코칭과 스포츠 멘탈코칭 전문가과정을 수강하게 되었다. 멘탈코칭을 배우기 시작하면서 내 마음에도 조금씩 긍정적인 변화가 생기기 시작했다. 멘탈이 흔들릴 때 스스로 알아차리고 마음을 다스리기 위해 노력하며, 상대방의 말을 경청하고 진심으로 이해하려는 내 모습을 발견할 수 있었다.

특히, 수업 중 인생축 세우기(Timeline)를 통해 체험하던 날의 경험은 잊을 수가 없다. 인생축 세우기는 과거, 현재, 미래를 시간의 흐름에 따라 돌아보며 삶의 중요한 순간들을 임장감, 부감 그리고 VAK(시각적, 청각적, 감각) 등의 방법을 활용해 과거의 경험을 자원으로 미래의 목표를 구체화하는 코칭 기법이다. 이 실습을 통해 나의 인생 전체를 부감하고 과거, 현재, 미래를 넘나들며 체험하고 느꼈던 그 감동의 전율은 아직도 생생하게 남아 있다.

수업 중 실습 코칭을 하면서 만난 소중한 인연들, 그리고 그들이 자신의 고민을 스스로 발견하고 해결할 수 있도록 도왔던 코칭적 대화와 질문들이 생각난다. 수업하며 함께 공감하고 같은 방향을 향해 나아가면서도 각자의 방식으로 최선을 다해 코칭 하던 동료코치들, 그리고 그룹 코칭을 위해 함께 전략을 세우고 다같이 코칭 하던 감격의 순간들이 주마등처럼 스쳐 지나간다. 그 모든 순간이 소중하고 행복했다.

새로운 인생의 전환점에서 만난 멘탈코칭은 내게 열정이라는 에너지를 불어넣어 주었고, 다가올 미래에 대한 희망과 도전의 기회를 열어주었다. 앞으로 멘탈코칭과 함께하는 여정은 분명 내 삶을 더 풍부하고 의미 있게 만들어 줄 것이다.

4. 성장과 배움, 그리고 함께한 감사의 시간

시나브로 멘탈코칭은 어느새 내 삶에 자연스럽게 스며들어 힘든 순간마다 빠르게 알아차리고 긍정적인 자기 대화 통해 흔들리는 멘탈을 다잡아주곤 한다. 때로는 '지금 무슨 일이 일어나고 있는거지? 그래서 원하는 상태는? 그럼 지금 당장 할 수 있는 것은 무엇일까'라고 속삭이며 나를 불편하게 만들기도 한다. 그럼에도 불구하고 이 불편함이 싫지 않은 이유는 멘탈코칭을 통해 그 힘을 직접 경험해 보았기 때문이다.

돌이켜보니, 코칭적 방법에 익숙하지 않았던 내게 처음 접한 코칭 수업은 무척 생소하고 어색했다. 스스로를 칭찬하는 것, 자기와의 대화를 시도하는 것, 부정적인 마음을 긍정적으로 전환하는 것 등 모든 것이 낯설게만 느껴졌다. 그럼에도 코칭을 몸으로 직접 움직이며 체험하고 배워 나가는 과정과, 수업 후 현장에서 현역 선수들을 바로 코칭 해야 했던 떨리고 긴장 되었던 경험들은 이제 나를 지탱해주는 힘이 되었고, 실제 코칭 상황에서 유연하게 대처할 수 있는 능력을 키워주었다. 이 얼마나 놀라운 일인가.

실습 코칭 전 불안과 긴장으로 힘들어할 때마다 칭찬과 위로로 서로를 격려해 준 13기 동기 코치님들이 있었기에 어려운 순간을 이겨낼 수 있었다. 긍정적인 영향력 속에서 함께 배우고 성장했던 그 과정들은 오랫동안 마음속에 소중한 시간으로 남을 것이다.

김문희 코치

한국체육대학교 스포츠심리연구소 연구원

kmhsk0557@naver.com

1. 건강한 선수 생활을 이끌어 주는 멘탈코칭

나는 운동선수로 20년을 보냈다. 단 한 순간도 경쟁 상황을 즐겨본 적이 없다. 하루빨리 선수 생활을 마무리하는 순간을 기다리며 하루 하루를 보냈다. 관계자들 사이에서는 키를 제외하고 타고난 재능이 없어 선수로서 가치가 없다는 평가가 다수였고, 그러한 평가 때문인지 동료들도 나의 실력을 인정하지 않았다. 그런 상황 속에서 나는 인정받고 싶었고, 우수선수가 되고 싶었다. 운동선수라면 국가대표라는 목표를 가지고 훈련하며, 나 또한 국가대표가 목표였으니까. 오기가 생겼다. "내가 한번 이겼던 선수에게는 다시는 지지 않겠노라."라는 다짐을 스스로 하였다. 하지만 특성 불안이 높았던 나는 경쟁 상황만 되면 몸이 굳어 제 실력이 나오지 않았다. 그렇다. 나는 심약한 정신력 이었다. 운동선수에게는 치명적인 단점이었다.

하지만 다행히도 나는 특유의 끈기와 인내심으로 우수선수로 평가받으며 운동선수로서는 꽤 괜찮은 선수 생활을 마무리하였다. 다행인지 불행인지는 모르겠다. 선수 은퇴 시점에 나의 마음은 문장 그대로 '썩어 문드러져' 있었다. 너무 혼란스러웠다. 만약 선수 생활 중 나의 심리상태를 관리할 수 있는 시스템이 있었다면, 나는 조금 더 건강한 선수 생활을 할 수 있었을까? 아직도 스포츠 현장에서는 나와 같은 경험을 하고 있는 선수들이 너무 많다. 그러한 선수들이 건강한 선수 생활을 영위할 수 있도록 도와주는 것. 나에게 멘탈코칭이란 그런 것이다.

2. 선수와 함께 걸어갈 수 있는 코치를 꿈꾼다

운동선수들을 대상으로 스포츠심리상담을 하고 있는 나는 시대가 변하고 스포츠과학이 수 세기에 걸쳐 발전하며 선수들의 경기력에 많은 도움을 주고 있는 현시대에도 여전히 심리적 어려움을 호소하는 선수들이 많이 있다는 것에 놀라웠다. 다양한 심리적 문제들로 힘들어하는 선수들을 상담하면서 나의 선수 생활이 떠올랐다. 나는 선수들의 심리적 문제를 해결해 줄 수는 없다. 하지만 스스로 해결해 나갈 수 있는 심리적 힘을 키우고 인격적 성장을 도모할 수 있도록 도움을 줄 수 있다. 나는 선수들이 경험할 수 있는 심리적 문제를 스스로 해결할 수 있는 심리 근육을 만들 수 있도록 선수들의 옆에서 묵묵히 이 힘든 길을 함께 걸어갈 줄 수 있는 그런 멘탈 코치가 되고 싶다.

3. 선수의 성장을 디자인한다

현재 중학교 1학년인 이 선수는 초등학교 시절 전국소년체전에서 우승한 경험을 비롯해 다수의 대회에서 좋은 성적을 거두며 유망주로 평가받고 있었다. 그러나 중학교 입학 후 갑작스러운 경기력 저하를 겪으며 경기 출전에 대한 회의감을 보이고 있어, 선수의 심리 상태와 목표를 파악하기 위해 Hero Interview를 진행하였다.

Hero Interview를 통해 선수의 모든 관점이 '승리'에 초점을 맞추고 있음을 알 수 있었다. 지는 것에 대해 매우 민감하게 반응하며, 경기 중에도 미래의 결과에 대해 부정적인 예측을 하는 경향을 보였다. 이는 선수로 하여금 경기 과정에 집중하지 못하게 만들며 수행회피 성향을 촉진하는 것으로 나타났다. 선수는 성적을 유지하는 것을 자신의 가치로 두고 있으며, 우승의 의미를 '대회 출전 선수 중 가장 잘하는 사람'으로 정의했다. 결과 목표에 치중하면서 현재에 대한 집중력이 저하된 것으로 분석되었다.

이를 개선하기 위해 포스트잇을 활용한 구체적인 목표 설정 작업을 진행했다. 먼저, '선수로서의 최종 목표', '고등학교 목표', '중학교 목표'를 구분하여 작성하게 했으며, 현재 중학교 목표를 달성하기 위해 필요한 것들을 10가지 적어보게 하였다. 이후 이를 '통제 가능한 것'과 '통제 불가능한 것'으로 나누어 보도록 하였다. 이러한 과정에서 통제 가능한 항목 중 우선순위를 매겨 실천 가능한 3가지를 선정하였고, 한 주 동안 실천해 보도록 체크리스트를 활용하여 계획을 수립하였다.

이러한 멘탈코칭 방법을 통해 목표 설정 및 현재에 집중하는 습관이 형성됨과 동시에 경기력을 향상시키는 데 도움이 될 것으로 기대된다. 이를 통해 결과 중심의 사고에서 벗어나 과정에 집중하며, 심리적 안정감을 찾아가는 과정을 경험하게 할 수 있을 것이다.

4. 목표 달성을 위한 타임라인 그리기

고등학교 3학년인 이 선수는 대학 진학을 위해 개인 성적이 필요한 상황임에도 불구하고, 지금까지 개인전 성적을 내 본 적이 없으며, 단체전 멤버에서도 밀리며 진로에 대한 부담감을 느끼고 있었다. 지도자는 훈련 중에는 좋은 경기력을 보이지만, 대회만 나가면 지나치게 긴장해 성과를 내지 못하는 점을 안타까워하며 자신감 있는 모습을 보여주길 원했다. 선수는 3차례의 스포츠 심리 상담을 받은 상황으로, 다음 주 예정된 대회에서 준결승에 오르는 목표를 세웠으나 자신감이 부족해 보였다.

이에 멘탈코칭을 통해 대회 전 남은 5일 동안의 시간 활용과 대회에서의 목표 달성 방안을 논의하며 타임라임(Time-line) 기법을 적용했다. 선수가 자신의 목표를 달성하고 성공한 모습을 상상하도록 유도했으나, 개인전 메달의 경험이 없어 성공 장면을 떠올리는데 어려움을 겪는 모습이 보였다. 이에 최근 경기 중 가장 잘했던 경기 장면을 떠올리게 하여, 자신감과 성취감을 느낄 수 있도록 도왔다. 이 과정을 통해 선수는 성공적인 경기 모습을 상상하며 자신감을 되찾게 되었다.

그 결과, 선수는 어려운 경기를 승리로 이끌며 생애 첫 개인전 성적을 거두었고, 이에 고마움을 표현했다. 이후에도 지속적인 상담을 이어가며, 선수의 표정은 한결 밝아졌고, 현재까지 총 9회기의 상담을 진행한 결과, 선수는 스스로 현재 상황에서 원하는 것과 필요한 것을 찾아가는 셀프토킹(Self Talking) 기법을 사용하기 시작했다. 이번 사례는 선수가 긍정적 자기 이미지를 형성하고, 자신감과 심리적 안정감을 통해 경기력 향상으로 이어진 과정으로 볼 수 있다.

김미정 코치

트루㈜ 보험대리점 팀장
살레시오의집자원봉사자
love21mj@naver.com

1. 나에게 멘탈코칭이란 '어이없음'이다.

이런 게 있다고? 그동안 공황장애로 힘들던 시기, 정신과도 다녀보고 여러 가지 좋다는 걸 경험해 본 나로서 이렇게 간단하고 효과가 큰 방법이 있었다는 것을 경험했기 때문이다. 본 과정을 알기 전에 11기 코치님께 개인적으로 처음 멘탈코칭을 받고 난 후 공황장애로 죽어 있었던 내 삶은 역동적으로 바뀌었고, 풀 만난 망아지처럼 내적으로나 외적으로 자유로움을 만끽하며 뛰어다녔다.

멘탈코칭으로 좋아진 나는 나와 같은 고통을 받는 사람들을 도와야겠다고 결심했고, 그러기 위해선 내가 이걸 배워야겠다고 생각했다. 그러던 중 코치님으로부터 이러한 교육과정이 있다는 것을 알게 되었고 그 얘기를 들었던 날이 MCCI 정규과정 하루 전날이었다. 나는 고민 끝에 그날 밤 바로 결정했다. 그다음 날 새벽 첫 차로 서울로 올라갔다.

이유는 하나였다. 내가 경험한 충격적인 이 멘탈코칭을 알리기 위해서였다. 그것이 내가 멘탈코칭을 어이없음이라고 정의한 이유이다. 멘탈코칭은 마력처럼 순식간에 내 삶에 파고들었고, 소용돌이쳤고, 나를 변화시켰다. 너무나 밝고 투명한 먼 미래에 나는 행복해졌고 우리 가족은 함께 변화했다.

2. 고객과 희로애락을 함께 하는 코치가 되고 싶다

나는 사람들에게 심도있는 위로와 삶을 동행하는 코치가 되고 싶다. 여러 선수를 코칭하면서 느낀 것은 그들의 야망과, 야망 속에 외로움과 혹독함이었다. 그리고 그들이 위대해 보였다. 나보다도 훨씬 나이가 어림에도 매일 반복되는 고강도 훈련을 강행하는 그들을 보며 나는 배울 점이 많았고 그들이 위대하다 느껴졌다. 그 속에 감동이 있었다. 나는 내 안에 끓어오름을 경험했다. 그 끓어오름은 마치 사명감 같았다. 작게는 한 사람 인생이지만 크게는 우리나라의 발전과 기대감이랄까. 말로는 표현하기 힘든 것이었다.

마지막으로 코칭했던 선수가 나에게 큰 힘을 실어준 친구이다. 너무나 성숙해 있었던 그 어린 친구는 나에게 감동을 주었다. 그리고 나에게 어떤 코치가 되어달라고 말하는 것 같았다. 코칭을 끝내고 집에 와서도 그 친구와의 코칭의 여운은 쉽사리 식지 않았다. 표정, 말투, 제스처 등으로 나에게 들려주었던 자신의 이야기와 함께 흘렸던 눈물, 모든 것이 녹물에 자국이 남듯 인이 박인 듯했다. 그때야 비로소 나는 내 결심에 종지부를 찍었다. 정말 좋은 코치가 되어야겠노라. 삶을 위로하고 그들의 꿈을 이룰 때까지 같이 꿈꿔줄 수 있는 그런 코치. 나는 그런 희로애락 코치가 되고 싶다.

3. 한 달에 한 번 시집가는 여자 장가가는 남자

이 제목에 자극적인 요소가 있지만 내 이야기를 듣다 보면 이것이 얼마나 희극적인 요소인지 알 수 있을 것이다. MCCI에서 실시하는 스포츠 멘탈코칭 전문가 과정은 매달 1번 토~일요일 2일간 서울에서 이루어진다. 나는 집이 제천이었기에 토요일 새벽 첫 기차를 타고 올라가 일요일 늦은 오후 기차를 타고 집에 내려왔다.

첫 수업을 받고 집에 돌아온 다음 날, 월요일 나는 남편과 큰 전쟁이 일어났다. 사건에 전개는 이랬다. 나는 그 당시 보험 설계사도 하면서 옷 가게를 운영했는데 내가 서울에 가 있는 동안 신랑이 가게에 있던 고가의 빈 화분을 손님에게 3,000원에 판매한 것이다. 그 화분은 나름 유명한 도예가 작품으로 모두 수작업으로 이루어진 내가 아끼는 화분이었다. 그것도 모르는 신랑은 신나서 얘기했다. 버릴 화분을 돈 받고 팔았다는 말을 듣는 순간 머리가 하얘졌다. '무슨 화분? 설마 그 화분은 아니겠지' 신랑에게 떨리는 마음으로 물었다. 내가 생각하는 화분과 신랑이 말하는 화분은 '일맥상통'했다. 순간 너무 화가 나 머리에 깍지를 끼고 한숨을 쉬며 고개를 푹 숙였다. 혈압이 올랐다. 들이마시는 공기는 마치 매연과 담배 연기가 내 앞에 자욱하듯 답답했다. 신랑은 아무 말 하지 않았다. 지금은 어떤 말이 든 휘발유에 불씨가 될 터이니…. 순간 나는 멘탈코칭 기법(R.O.A)이 떠올랐다.

R(Reality) 현재 상태: 매우 열을 받음, 창자가 열리는 것 같고 등이 뻐근함 콧김이 느껴질 정도로 온몸에 감각이 살아있다.

O(Output) 원하는 상태: 남편과 싸우고 싶지 않음, 싸우기 전 상태로 돌아가고 싶음.

A(Approach) 할 수 있는 일: 생각을 다르게 해보자. 만약 그것을 누군가 훔쳐 갔다면 나는 어땠을까? 아니면 내가 옮기다 깨트려서 쓸 수 없다면, 그래. 그래도 돈 받고 팔게 되었으니 얼마나 감사한가.

순간, 검은 생각이 사라지고 하얗고 밝은 생각들이 내 머리를 자리 잡듯 행복하고 맑아졌다. 이 모든 일은 30초 이내에 일어났다. 그리고 신랑에게 이렇게 말했다. "여보 그래도 깨지거나 누가 훔쳐 간 것이 아니니 괜찮아요. 그리고 감사해요. 돈이라도 받았잖아요. 하하하" 이 말을 하는 나를 바라보는 남편의 시야에서 느껴지는 것은 3가지 정도로 요약해 볼 수 있었다.

'내가 정말 크게 잘못했구나. 지금은 이렇게 말해도 다음에 분명히 예전처럼 화를 낼 거야. 이 여자가 정말 뭔가 잘못되었구나.'라는 비언어적 눈빛이었다.

순간 정적이 흘렀고 너무 얼어 있는 신랑에게 멘탈코칭에서 배운 기법과 우리에게 지금 일어난 일을 나 스스로 코칭식으로 풀어갔던 것들을 설명해 주자 신랑은 그게 된다고? 라며 너무 신기해했고, 나는 바로 신랑에게 R.O.A를 설명해 주면서 지금 상황에 함께 적용하였다. 한번 싸우면 여운이 오래가는 우리 부부에게 이 일은 정말 천지개벽과도 같은 사건이었다. 나는 너무 간단하고 놀라운 이 일을 수업 과정에도 발표했다. 이 사건이 내가 처음 기법을 사용하고 효과를 봤었던 첫 번째 사건이자 우리 부부의 추억이다.

그 이후로 신랑은 내가 줌 수업을 듣거나 정규수업으로 서울을 다녀올 때면 새벽마다 역에 나를 데려다주고 끝나면 데리러 오고 그렇게 나를 기다리고 이번에는 무엇을 배우고 왔을까? 반가운 이야기보따리를 기다리듯 궁금해했다. 나는 매달 코치님들과의 만남에 대한 설렘과 오늘은 무엇을 배울까 수업에 대한 기대를 하고 서울을 올라갔고, 내려오는 날은 잘 차려진 12첩 밥상을 신랑과 나눌 생각을 하니 풍족하고 행복한 마음으로 제천을 내려왔다.

신랑은 매번 새로운 부인을 만나듯 그렇게 설레고 행복한 마음으로 나를 맞이해 주었다. 한 달에 한 번 우리는 같이 성장했고, 그 성장은 아이들까지 변화하게 했다. 현재 아이들은 스스로 학습코칭을 하며 서로 다툼이 날 때면 함께 방에 들어가 해결하고 나온다. 그 또한 자신들이 찾은 방법이다. 우리는 컨디션이 떨어질 때, 그리고 컨디션이 최상일 때 그것을 수치화시키고 서로 만족한다. 우리 가족은 단시간에 코칭을 통해 이렇게 성장했다.

4. 그 어떤 유명한 책보다 멘탈코칭 1번을 받아라.

내가 책을 내다니 그리고 낼 수 있다니 감동을 넘어 감격스럽다. 그 감격을 담아 지금부터 아주 진솔하게 멘탈코칭에 대한 경험담을 풀어나가려 한다. 그러기 위해서는 내 출신 배경에 대한 설명이 약간 필요하겠다.

나는 원주의 아주 작은 시골에서 태어났다. 그곳에는 전교생이 50명이 안 되는 초등학교가 있었고 나는 그곳에 다녔다. 엄마, 아빠는 매일 바빠 나를 돌볼 수 없었다. 그래서 1학년 때부터 혼자 학교에 걸어가는 것은 아주 당연했지만, 8살 나에게는 받아들이기가 힘들었다. 특히 학교에 갈 때 산을 넘어가는 지름길이 있었는데 거기로 가려면 도깨비골이라는 곳을 지나가야 한다. 그곳이 나한테는 지뢰밭처럼 느껴졌다. 그 길은 너무 섬뜩하고 무서웠다. 하지만 꾹 참고 혼자 도깨비골을 매일 올랐다.

그때는 어려도 나를 도와 줄 어른이 없었기 때문에 혼자 잘 버티는 것이 내가 살 길이었다. 그렇게 어린 나는 마음은 어린이, 삶은 어른으로 커야 하는 어른아이로 성장했다. 그러던 중 초등학교 5학년 때 부모님이 이혼하셨고 그 사건은 동네에서 모르는 사람이 없을 정도로 매우 큰 사건이었다. 그 충격으로 엄마는 몸이 아프셨고 나는 그런 엄마가 불쌍했다. 그래서 나도 모르게 엄마의 남편이 해야 할 역할을 무의식중에 내가 계속했었던 것 같다. 난 늘 엄마에게 괜찮다고 했다. 항상 웃었고 여름에 겨울 신발을 신어 성당에서 놀림을 받아도 엄마에게 말하지 않았다. 학교 체육복을 사러 갔다가 엄마가 하도 가격을 깎는 탓에 주인에게 쫓겨나기도 했다. 나는 그 당시 가난이 너무 슬프고 감당하기 힘들었다. 하지만 엄마에게 내 감정을 표시하지 않았다. 왜냐하면, 지금 나보다 엄마가 더 힘들 테니까.

그렇게 힘들게 살던 중 엄마와 나는 하나님을 만났다! 난 늘 삶과 죽음을 궁금해했고 죽어서의 삶에 대해 알고 싶은 갈망이 있었다. 너무 힘든 일을 겪으니 신을 찾을 수밖에 없었다. 천주교, 장로교, 내가 찾는 신을 만나고 싶어 찾아다녔지만 찾을 수 없었다. 그러다 성경을 있는 그대로 가르치는 교회를 만났고 그곳에서 내가 원하는 해답을 드디어 찾았다! 그게 나의 인생에 가장 큰 전환점이 되었다. 내 인생은 그 이후로 완전히 바뀌었고, 아빠마저도 용서할 수 있는 마음이 되었다. 엄마와 나는 세상을 다 얻은 듯 행복했다. 지금도 너무나 행복하다.

그 이후로 나는 정말 궂은 일 가릴 것 없이 열심히 살았다. 아무리 힘들어도 무조건 괜찮다 하고, 상대방을 불편하게 하지 않기 위해 늘 웃었다. 그리고 어려운 얘기를 할 줄도 몰랐지만, 하지도 못했다. 지금에 와서 생각해보니, 아마도 어렸을 때 무의식중에 가장이 되어버린 나의 습관 때문인 것 같다.

하지만 결혼하고 사회생활을 하게 된 이후로 그것이 독이라는 것을 알게 되었고, 그 괜찮다는 독으로 인해 나는 사람의 일에 어느 하나 부족함 없이 늘 진심으로 최선을 다했다. 그러던 중 하루아침에 공황장애가 찾아왔고 내 의지와 상관없이 호흡이 끊길 것 같은 공포를 경험했다. 1년 반을 침대에서 화장실을 가는 일 외에는 거의 누워서 생활했다. 남편은 나 대신 여러가지의 일을 해야 했고 아직 어린 두 아이까지 보살펴야 했다.

나는 누워있어도 누워있는 것이 더 괴로운 하루하루였다. 공황장애를 회복하려 여러 정신과 병원, 좋다는 한약, 침술, 천연치료법 등 여러 가지를 시도하던 중 정말 운명처럼 MCCI 11기 천순옥 코치님을 만나게 되었다. 그분께 코칭을 받던 날 나는 머리에 번개가 내리치는 것처럼 뭔가 와작 깨지는 느낌이 들었다. 그것이 나의 고정관념과 수많은 생각들을 내려놓게 하였다. 그래서 이게 도대체 뭔가라는 생각이 들었다. 그러던 중 평생 교육원에서 코치님의 수업이 있다는 것을 알게 되었고, 수업을 들으며 코칭이 정말 삶을 전혀 다른 방향으로 바꿀 수 있다는 확신이 들었다.

　　그 에너지가 전달되기라도 한 것일까? 수업을 마치고 돌아오는 길에 코치님과 얘기를 나누는 중에 국제멘탈코칭 수업이 바로 다음 날인 13기 수업 시작이라는 것을 알게 되었고, 고민 끝에 수업을 듣기로 결정짓게 되었다. 단 하루 만에 일어난 일이었다.

　　그렇게 설레는 마음으로 다음날 첫차를 타고 수업을 듣기 위해 서울로 올라갔다. MCCI 멘탈코칭 수업받던 첫날을 잊을 수가 없다. 그날 나는 폭포 같은 눈물을 쏟아냈다. 아주 설레는 마음으로 신나서 수업을 하러 갔는데 막상 프로그램을 시작하니 이곳에 와서 내가 이루고 싶었던 목표(코칭을 배워서 현재 하는 일에 서브잡으로 하는 것)는 생각이 안 나고 진짜 나의 목표, 무의식중에 올라오는 그 목표가 떠올랐다. 그것은 얼른 공황장애가 온전히 나아서 그동안 고생한 우리 가족에게 보답하는 것이었다. 나는 너무 놀랐다. 내가 생각하지 않고 살았지만 아주 깊은 곳 무의식중에 나의 목표는 가족의 행복이었다.

　　그전에는 알지 못했지만, 코칭을 통해 나를 발견하는 경험을 첫날 경험하게 되었다. 너무나 절실했던 나는 집에 가자마자 코칭을 바로 나에게 먼저 적용했고, 가족들에게도 바로 실습에 들어갔다. 그렇게 6개월이 흘렀고 지금에 우리 가족은 완전히 변했다. 가장 큰 변화는 평소 같으면 화낼 일에 좀 더 다른 관점에서 생각한다는 것과(이것이 얼마나 중요한 것인지는 직접 경험해 봐야 한다) 삶의 어려움에 부딪혔을 때, 그것을 왜 하필 나에게 이런 일이라는 생각이 아닌, 나는 현재 무엇을 원하는가? 어떻게 하면 이 벽을 잘 직면할 수 있을 것인가?로 바뀌었다. 아이들은 스스로 학습해 나가며 본인이 무엇을 좋아하고, 무엇을 잘하며, 어떤 것이 부족한지 스스로 알고 있고, 말 할 수 있다. 그리고 무엇보다도 서로를 더욱 깊이 사랑하게 되었다. 비로소 우리 가족은 코칭을 통해 서툴렀던 가족이라는 이름을 이제는 온전한 가족이라 칭할 수 있게 되었고 우리 부부는 표현이 부족해 서로를 '화'라는 것으로 가장해 사랑에 발버둥을 표현했다면 지금은 '존중'이라는 것으로 사랑을 발버둥 친다. 이 얼마나 크고 위대한 발전인가. 나의 멘탈코칭 경험을 통해 독자에게 꼭 말하고 싶은 것은 나를 위해 가족을 위해 반드시 멘탈코칭을 받기를 권하고 싶다.

추웠던 3월에 만나 후덥지근한 8월에 헤어지는 우리 13기 코치님들과의 여정이 제 인생에서 아마 가장 따뜻한 계절이 될 것 같습니다. 부족한 저에게 박수 쳐 주시고 행복을 주셔서 감사했습니다. 모두가 보이는 그대로 아름답기만 합니다.

김정은 코치

멘탈코치

㈜리본메이트대표

myrebornmate@gmail.com

1. 위너의 삶을 향한 지름길을 발견했다

"내게 멘탈코칭이란? 나(self)를 발견하는 시간. 인지하지 못했던 무의식의 작동원리에 기반한 나를 이해하고, 내가 원하는 삶의 방향을 설정함으로써, 어제보다 오늘, 오늘보다 내일 조금 더 그 방향을 향해 주도적인 한 걸음을 내딛는 삶을 살도록 돕는 것"

나는 이럴 때 왜 이런 감정이 들까, 나도 내가 이런 모습이길 원치 않는데 나는 이 상황에서 왜 이렇게 행동할까…. 나도 내 자신이 잘 이해되지 않는 순간들이 있다. 그리고 (내가 그랬듯) 대부분 "다들 그렇게 살지, 어쩔 수 없잖아."하고 외면한다. 왜냐하면 해결할 방법을 모르기 때문이다.

멘탈코칭은 '인지'라는 무대 위에 나의 이슈를 주인공으로 세우고, 이에 대한 머릿속의 다양한 생각들을 말로, 도식으로, 몸으로 표현함으로써 솔루션을 스스로 찾도록 돕는 과정이다. 이때 이슈는 그저 그런 크기부터 어마어마해 보이는 크기까지 다양할 수 있다. 오히려 역사적이라 할만한 사건 하나가 아니라 그냥 지나치기 쉬운 자잘한 에피소드의 연속이 지금의 나를 만들었음을 생각한다면, '내가 느끼기에' 작은 문제부터 단단하게 잡아가는 것이 위너(winner)의 삶을 향한 지름길이 아닌가 생각한다.

그렇게 멘탈코칭은 그저 그런 삶을 당연하게 여기던 나를 흔들어 깨웠다. 나름으로 열심히 살고 있지 않은가, 이 이상을 살 수 있겠는가, 혹은 그렇게까지 애쓰며 살아야 할 필요가 있을까 안위하는 내 현주소를 돌아보게 했고, 더 높은 곳, 더 넓은 삶을 꿈꾸도록 자극했다. 무엇보다 내가 부족하더라도(내세울 만한 자격증이 없더라도) 변화를 원하는 인생에 작은 도움을 줄 수 있다는 희망을 선사했다. 이 기대감 가운데, 나는 오늘도 나 자신과 고객에게 멘탈코칭을 선물한다.

2. 나침반 같은 코치가 되고 싶다

3년 전 왼쪽 무릎 아래 정강이가 욱신거리고 저려서 필라테스, 개인 PT, 한의원, 재활병원, 통증의학과, 도수치료까지 이것저것 안 해본 것이 없었다. 그러다 엄마 소개로 어느 한의원에 갔는데 원장님은 골반이 틀어져 신경이 눌려 그렇다고 하셨다. "X-RAY도 찍어봤는데 디스크는 아니라던데요.", "에이, 사진만 봐선 모르지."

그 날 작은 나무망치로 척추뼈를 몇 대 강하게 맞은 후 비로소 수개월의 고통을 끝낼 수 있었다(한의원 광고 아님). 이처럼 증상은 다리에서 나타나지만 사실 근본 문제는 척추뼈 몇 번과 몇 번 사이의 미세한 틀어짐에서 시작되기도 한다.

마음, 멘탈, 생각, 의식은 현재의 상태를 직접적으로 스캔할 수가 없다. 그래서 어떤 사람에게는 정말 도움이 되었던 솔루션과 방법이 내게는 전혀 작용하지 못하는 경우가 많다. 제공된 솔루션이 완전히 다른 이야기를 하는 것은 아니다. 아주 미묘한 차이로 내 안에 지각변동을 일으키기도, 다른 세상의 이야기가 되기도 한다. 뇌 신경세포로 표현하자면, 활성화된 뉴런과 뉴런이 어느 한순간 탁! 하고 함께 발화하여 연결되는 그 순간, 그 지점은 문제 속 주인공인 나만이 알아차릴 수 있다.

그래서 나는 정공법으로 "당신에게 이런 문제가 있네요. 이런 선택을 추천해요."라고 말하기보다, 스스로 "내게 이런 문제가 있었네요. 내가 원하는 것이 이것이었어요."라고 알아차릴 수 있도록 물길을 터주는 '코칭' 방식에 매력을 느끼나 보다. 고객이 자신의 어디가 진짜 문제인지 민감하게 검색하고 탐색하여 나다운 솔루션을 찾아낼 수 있도록 최적의 자극을 제공하는 코치, 고객이 그 여정 가운데서 길을 잃지 않도록 돕는 나침반 같은 코치가 되고 싶다.

3. 멘탈코칭이 내게 꽃이 된 그때

1년 전 어떤 날, 한 뇌과학 전공자의 강연을 접할 기회가 있었다.

"우리의 뇌는 목표를 설정하면 그것을 이루기 위한 수단과 방법을 가리지 않는다. 즉, 그 방법이 선한지 악한지를 구분하지 못한다. 단지 7kg을 빼고 싶다고만 하면 뇌는 팔다리를 잘라서 그것을 이룰지도 모를 일이다. 그러므로 목표를 세우되 어떤 모습으로 어떻게 이루길 원하는지까지 분명히 설정해야 한다."

그분의 말씀을 들었을 때 나는 꽤 초조해졌다. 나에게는 이루길 원하는 모습이 있는가, 있다면 그것을 이룰 방법에 대한 청사진이 있는가, 그것이 내가 정말 원하는 것인지 아닌지 어떻게 알 수 있을까? 뇌과학과의 만남은 나에 대한 확신감이 없던 내게 "나는 어떻게 살아야 하는가?"라는 질문과 함께 절체절명의 긴장감을 던져주었다.

그때부터 뇌과학, 인문학, 심리학, 자기계발 관련 책을 깊이 탐독했다. 나만 관심이 없었을 뿐 유튜브 콘텐츠와 신간 서적이 넘쳐날 정도로 이미 많은 이들이 동기부여를 비롯한 성공과 성장에 관심을 갖고 있었다. 사실 인문학적으로 깊이 있는 지인의 멘토링을 십 년 가까이 들었으나 언젠가부터 성장이 멈춘 것 같은 내게 답답함이 넘치던 때였다. 그런데 절박함을 가지고 집중하게 되자 그분이 전달하던 삶의 원리와 인문학적 지식도 피부에 와 닿게 이해가 되기 시작했다.

"아, 내가 이 중요한 것을 그냥 흘려버리며 인생을 살았구나... 조금만 더 빨리 깨달았다면 더 나은 삶을 살았을 텐데... 다른 사람들도 내가 지금 알게 된 것을 깨닫는다면 인생을 허비하지 않을 텐데..."

그렇게 평생의 업이라 여기며 전공 분야에만 꽂혀 있던 눈을 들어 코칭의 세계를 엿보기 시작했다. 내 삶을 제대로 살고 싶지만 마음만큼 되지않는 사람들을 돕고 싶었다. 그러나 마인드셋에 대한 서적과 이론들은 많은 반면, 실제로 성과를 내는 구체적인 방법을 주는 곳은 찾기가 어려웠다.

그때 멘탈코칭을 만났다. 줌으로 소개 세미나를 듣고 일주일 후 시작되는 수업에 바로 합류하였다. 아직 어리고 에너지 넘치는 두 아들을 남편에게, 부모님께 맡기는 것이 편치는 않았다. 극내향형인 내가 이 일에 뛰어들게 된 이유를 가족에게 설명하기도 쉽지 않았다. 그러나 나의 성장과 다른 사람의 성장을 도우려면 나 역시 변화가 필요했고, 이를 위한 체계적인 방법을 알고 싶었다. 그렇게 6개월간의 교육 여정을 시작했다.

4. 멘탈코칭으로 나와 세상을 이롭게 하다

날짜가 빨리 가기를 기다려 본 것은 굉장히 오랜만이었다. 다음 달에는 어떤 배움이 있을까, 동기님들은 어떤 이야기를 듣고 오실까, 나의 수많은 질문에 대해서는 어떤 답을 얻게 될까? 차고 넘치는 기대감과 질문을 눌러가며 다음 수업을 손꼽아 기다렸다. 집, 가족이 삶의 전부였던 내게, 코칭 수업은 참신한 일탈이요, 신박한 자극으로 가득한 선물이었다.

잘 짜여진 용어의 정의, 도식, 구조를 배우면서 "고객이 내가 어떻게 해야 할지 모르는 주제를 가져오면 어쩌지." 하는 두려움에서 벗어날 수 있었다.

배운 것을 실습을 통해 바로 적용하다 보니, "나는 어느 세월에 성장해서 고객에게 양질의 코칭을 제공할까?" 하는 조바심과 무력감은 옅어지고, 코치가(내가) 아직 완벽에 가깝지 못하더라도 고객은 원하는 것을 얻어갈 수 있겠다는 기대감이 생겼다.

코칭 수업을 들으면서 내가 했던 가장 큰 멘탈게임은 다른 사람에게 코칭 실습을 권하는 일이었다. 이렇다 할 마케팅이나 모객이 아닌데도 큰 빚을 지는 것같이 불편하고 부끄럽기만 했다. 그런데 이제는 "당신이 한번도 경험해보지 못한 세계로 초대합니다." 라는 자신감과 편안함으로 고객에게 나를 들이댈 수 있게 되었다.

13기는 멘탈코칭 수업 중

아이와의 대화도 훨씬 수월해졌다. 이래야 한다, 저래야 한다는 도덕적인 잣대가 높아 나의 정답을 가지고 가르치려고만 했었는데, 아이의 감정을 들어 주고 아이가 할 수 있는 단계의 행동에 대해 이야기를 나눌 수 있게 되었다. "엄마, 제 마음을 이해해 주셔서 감사합니다."라고 말하는 아이를 볼 때 멘탈코칭 수업이 여기서도 빛을 발하는구나~ 내심 뿌듯했다.

무엇보다 나의 내면의 소리에 민감해 진 것은 큰 수확이다. 나의 현재 상태가 어떤지, 무슨 셀프토크(self−talk)를 하고 있는지를 듣는 데 점차 익숙해졌다. 사무실로 향하는 복도에 들어서며 '오늘도 이렇다 할 연구 결과 하나 없이 지나가는 그저 그런 하루가 되겠지.' 라고 말하는 나를 알아차린 날이 있었다. 하루하루를 기대감 없이 살고 있는 나 자신에 대한 충격이 컸지만, 곧 내가 이를 인지했다는 뿌듯함이 더 크게 다가왔다. 나를 알아가는 재미, 그리고 내가 원하는 곳으로 가려면 지금 무엇을 해야 할지 스스로 답을 내고 그곳을 향해 한 발자국 내딛는 나를 보는 재미를 더해준 멘탈코칭. 이제 내 하루는 그저 그런 뻔함이 아닌, 오늘 또 1점의 성장을 누리는 Fun함으로 가득하다.

5. 새로운 도전으로 새로운 내일을 디자인하다

지나치게 이학박사스러운 좌뇌형 인간인 내게, 감정과 상태를 느끼고, 오감을 자극하고, 공간의 이동을 통해 미래를 경험하도록 돕는 멘탈코칭은 내가 지향하는 방식인 동시에 낯설고 어려운 영역이기도 했다. 잘 느끼지 못했고, 그래서 고객이 이것을 통해 정말 얻어가는 것이 있을까 의구심이 들지 않을 수 없었다.

그러나 고객의 반응은 내 우려를 덮고도 남았다. 원하지만 마음만큼 진행이 되지 않는 현실을 마스킹 테이프로 표현하려던 A 고객님은 테이프에 손을 대기만 했는데도 "벌써 마음에 부담이 느껴진다"고 했다. 현재와 미래의 자리를 오가며 임장을 해본 B 고객님은 "정말 신기하네요. 제 직원들이 충분한 잠재력이 있는 사람들인데 제가 그것을 간과하고 있었다는 것을 깨달았어요."라며 짧은 시간 안에 새로운 시각의 변화를 보였다. 인생의 아무 문제가 없어 보였던 분이라 나의 코칭이 과연 도움이 될까 걱정했던 C 고객님도 "한번도 이런 생각을 해본 적이 없었는데 너무 뜻깊은 시간이었다."는 피드백을 주었다.

2024년 여름, 운동 선수들과의 멘탈코칭 실습

코칭은 한 사람의 인생에 관여하는 일임을 생각할 때, 내게는 코칭에 대한 적지 않은 무게감이 있었다. 이는 어느 정도 필요한 책임감이요 긴장감일테지만, 고객들에게 누를 끼치지 않으려면 어느 만큼 역량이 성장해야 하나, 언제쯤 이 무게감에 익숙해질까 하는 초조함에 눌려 있었던 것도 사실이다. 그러나 고객들의 반응 덕에, 나 자신이 얼마나 뛰어난지가 아니라 고객 내면의 잠재력에 기댈 수 있게 되었다. 고객은 원래가 창의적이고, 원래가 도전적이고, 성장 잠재력이 무한하고, 개성과 특이점(singularity)이 있으므로, 내 생각보다 훨씬 잘 느끼고, 훨씬 세심하게 깨닫고, 훨씬 많은 성장을 할 것이다!

오늘 나는 또 한 걸음 내디딘다. 더 나은 나를 위해, 더 많은 이들이 정말로 원하는 삶을 살 수 있도록 돕기 위해. 이 길을 걷는 오늘의 나는 비록 완벽하지 않을지라도 나와 사람들의 변화의 씨앗을 심어가는 멘탈코치로서의 삶을 계속해서 걸어가고자 한다.

김현경 코치

Metta 맷다 명상연구소 대표 명상상담코치

metta.medilab@gmail.com

"멘탈 파워 업그레이드:
명상과 코칭으로 인생을 한 단계 높이기"

좌: 김현경 코치, 김귀숙 코치, 김은희 코치, 유수남 코치

1. 멘탈코칭의 여정, 명상과 스포츠 멘탈코칭의 융합

　제 개인적인 경험과 성장은 언제나 저를 더 깊은 깨달음과 내면의
힘으로 이끌어 왔다. 수년간 다양한 사람들과 함께하며, 그들이 마음
의 평화와 내면의 힘을 발견할 수 있도록 돕는 작업을 계속해왔다. 이
를 위해 마인드풀니스, 명상심리 상담, 동작 표현 예술치료(소매틱),
그리고 싱잉볼 명상 등 다양한 치유 기법을 활용해 왔다. 그러던 중,
삼성과의 협업을 통해 프로 운동선수들에게 명상을 가르칠 기회를 얻

게 되었다.

하지만 이 과정에서 고민이 생겼다. 명상이 그들에게 단순히 이벤트성으로만 끝나지 않도록, 어떻게 하면 더 효과적으로 명상적 관점을 전달하고 실행력을 높일 수 있을까? 프로 운동선수들이 명상을 통해 경기력뿐만 아니라 반복적이고 제한적인 삶에서 어떻게 지혜롭게 살아갈 수 있을까에 대한 답을 찾기 위해 많은 연구와 고민을 하게 되었다.

이러한 고민 끝에 천비키 코치님의 동영상 강의를 접하게 되었고, 국내에서도 많은 노력을 기울이며 프로선수들, 국가대표팀 등 다수 멘탈 코치를 하고 있는 MCCI를 알게 되었다. 또한, 박철수 코칭 마스터님의 위너 스킬과 티머시 골웨이의 이너 게임을 읽고 나서 스포츠 멘탈코칭 전문가 과정에 참여하기로 결심했다. 스포츠 선수들을 대상으로 실습할 기회가 주어지기에, 이 과정이 매우 실용적이고 현장성이 있다고 판단하여 13기로 멘탈코칭의 여정을 시작하게 되었다.

이제 나는 스포츠 선수들에게 명상적 관점과 실행력을 더 효과적으로 전달하고, 그들의 멘탈력을 강화하는 데 전념하고 있다. 이 과정에서 얻은 지식과 경험을 통해, 선수들이 경기에서뿐만 아니라 그들의 삶 전체에서 더 나은 성과를 이룰 수 있도록 도울 것이다.

2. 진정한 내면의 목소리를 듣는 힘: 멘탈

나 자신과 진정한 친구가 되어가는 과정이 마음챙김 이자 곧 명상임을 자각하며 살아오면서 내면의 진짜 목소리에 힘을 실어주는 일이 주도적인 삶을 살아가는 데 얼마나 중요한 요소인지 이해하고 있었다. 특히 자기 비난보다 자기 긍정을, 자기 비난 이면에 있는 부드럽고 취약하지만, 우리 생존에 필요한 이야기들을 알아차리고, 자기 비난의 방향을 보다 돌봄과 친절의 방향으로 전환하며 살아가는 것이 삶의 질을 이롭게 만들어 간다고 생각한다. 이와 마찬가지로 MCCI에서 말하는 "멘탈! Quality of Self Talking!! 일맥상통하기에 정말 반가웠다. 10,000% 동의하며, 나에게 있어 멘탈이란, 셀프 토킹의 질! 진정한 내면의 목소리를 잘 듣고 그러하게 살아가는 힘!!"이라 생각한다.

3. 진정한 자신과의 만남: 멘탈코칭을 통해 본 내적 성장

짧은 식견의 해석이지만 오랜 시간 많은 이들이 고민하고 연구하여 세상에 드러낸 모든 심리 기법, 코칭 메소드, 철학 등은 모두 명상이라는 커다란 우산 안에 있는 듯하다. 하지만 다양한 방법들을 통해 새로운 통찰과 깊은 이해를 깨칠 수 있고 인생의 흐름을 더욱 유익하게 하니 반갑기 그지없다. 스포츠 멘탈코칭 전체상의 최상단에는 최상의 성과 창출이 있다. 다만 그것은 가장 커다란 자신의 축, 삶에 대한 자세, 가치관, 인간 본연의 그 자리에서 출발한다. 사람을 무한한 가능성을 믿고, 진실하여 바라보고, 온전히 경청하고, 피코치가 자신의 힘을 발견하고 원하는 방향으로 함께 변화하고 성장할 수 있도록 상태변화를 촉진하는 자! 이것이 바로 멘탈 코치의 역할이라는 것에 제 삶의 소명이 더욱 선명해졌고 적극적인 비전이 그려진다. MCCI 스포츠 멘탈코칭 전문가 과정에서 습득한 다양한 툴들을 통해 보다 입체적이고 명료하고 재미있는 코칭 기법을 적용할 수 있는 부분들 또한 큰 배움의 영역이다. 그리고 무엇보다 이 모든 툴을 제 삶의 적재적소에 적용하여 내재적 동기를 끌어올릴 수 있었다. 또한 많은 코치님들이 보여준 고민, 눈물, 열정, 호기심, 성취감 등 내면에서 우러나오는 삶의 일부를 직간접적으로 소통하다 보니 얻게 되는 통찰과 더불어 제 내면의 역량을 확장할 수 있는 계기도 되었다.

4. 부상에서의 회복과 목표 설정: 멘탈코칭을 통한 긍정적인 변화

부상 중인 대학교 야구선수를 만나 코칭 한 사례이다. 부상 중인 선수였고 진로 고민을 하고 있었다. 프로선수가 아닌 다른 삶으로 방향 전환이냐 끝까지 밀고 나가 MLB 진출이라는 큰 포부를 이루느냐! 라는 이야기를 건넸지만, 당시 고민의 핵심은 부상을 안고 일어난 가장 큰 불안감이었다. 부상이 잘 회복할 것인가, 재활이 잘 진행될까, 또 부상당하면 어쩌지, 나는 야구를 계속할 수 있을까? 등등 생각이 만들어 내는 불안감을 안고 더 큰 불안을 일으키며 불면증을 앓고 있었고, 훈련하지 않는 시간을 SNS로 많이 소비하고 있는 상황을 토로하며 알지만 어떻게 개선해야 할지 고민이 많았던 선수였다.

멘탈코칭을 통해 선수가 자기 내면에서 일어나는 다양한 소리를 들을 수 있게 하였으며, 사랑이 많은 가족 안에서 지지받고, 긍정 정서를 잘 키워오며 생활한 면모를 발견하고 내외적 자원이 있음을 알아차릴 수 있도록 촉진하였다. 생각과 현실은 다름을 자각하며 지금, 이 순간 선수가 세팅해야 할 목표와 세세한 계획을 세우다 보니 선수 스스로 모호하고 막연했던 것들이 선명해져 꼭 실천해보겠노라고 다짐하며 약속 도장도 찍었다. 또한 스포츠 심리에서 많이 사용하는 이미지 기법에 대해 다소 잘못 이해하고 있는 부분을 발견하고 코칭 스킬을 연결하여 설명해 주고 실습하니, 선수가 놀라워하며 재활하는 동안 적용하겠노라 적극적인 의사 표현을 했다. 코칭을 받고 선수 스스로 우선순위가 명료해졌고, 하나하나 차근히 해나가면 되리라는 것을 알게 되니 불안감을 조절할 수 있을 것 같다는 이야기와, 조급함보다 재활을 잘 이행해 추후 경기력 향상, 실전 발 위력을 도모하겠다는 다짐 그리고 MLB 진출을 가슴에 새겨 넣겠다는 변화 의지의 피드백을 받았다. 코칭을 통해 상태변화 촉진이란 것이 바로, 이 순간이 아닐까 뿌듯하고 감사한 시간이었다. 다만 코칭 이후 후속이 이루어지지 못해 어떻게 지내고 있을지 매우 궁금하다. 어느 날 TV에서 프로선수로서 또 나아가 MLB에서 뛰고 있을 멋진 선수를 상상하며 벅찬 마음을 그에게 보낸다.

One for me One for you!

코칭 후 선수의 긍정 피드백

5. 전인적 코칭의 비전: 심리적 이해와 실천을 통한 선한 영향력

스포츠 멘탈 전문 코칭 영역뿐만 아니라 다양한 영역에서 전인적인 코치가 되고 싶다. 국내외에서 인정하는 코치 영역의 기본 소양을 배양하고 저 자신에 대한 앎을 계속해서 이어가고자 한다. 사람의 마음이 얼마나 복잡하고 섬세한지, 그리고 이를 더욱 효과적으로 지원하기 위해서는 심리적인 이해와 코칭기술이 필요하다는 것을 안다.

다양하고 깊이 있는 실습을 통해 바르게 배우고 바르게 적용하여 더불어 살아가는 장안에서 많은 사람에게 선한 영향력을 전하고 싶다. 코칭 영역에서 성과라 이름 지어지는 것은 결국 우리가 추구하는 행복과 연결이 아닐까 싶다. 삶을 살아가기에 죽음을 기억하고, 물질적인 것이 있기에 정신과 정서를 논하고, 추구하는 가치가 있기에 이를 향하는 목표가 있듯! 이 모든 경계에 만나게 되는 나 자신을 포함하여 많은 사람 삶의 주제를 함께 탐험하는 코치가 되려 한다.

이 길을 동행하는 우리 13기 코치 동기들과 천비키 코치님, 박철수 멘탈 마스터님 진심으로 고맙습니다. 서로의 도전과 성장을 목도하는 우리들! 존재 자체로 사랑입니다!! 사랑합니다!!!

멘탈코칭을 마치고 한 컷

노보경 코치

마을활동가, 멘탈코치
nopado@hanmail.net

우리 동네 코치

1. 코칭을 어떻게 하길래 성과를 낸다는 것이지?

쉰이 훨씬 넘은 나이에 동네에서 일하게 됐다. 시작은 창신동라디오듣임이란 마을방송국의 뉴딜일자리였다. 라디오방송을 만들면서 동네 사람을 만나기 시작했다. 지역에서 어르신들을 만나서 살아온 세월을 듣다 보면 이 혹독한 시절을 어찌 견뎌냈는지, 경외심이 들기도 한다. 여자라서, 첫딸이라서 함부로 아프게 차별받고 희생해야 했던 시절. 그러다 보니 마음에 분과 한이 맺히고 더러는 화병, 우울증을 얻기도 했다. 그런 분들의 이야기를 들어주면서 필요한 분들에게는 지역의 상담센터에 연계하기도 했다. 이분들이 남은 삶을 건강하고 행복하게 살았으면 좋겠다는 바람과 함께. 동네에서 일하면서 가장 좋은 것은 함께 살아가는 사람들을 알아 가는 것이다. 예전에는 그냥 스쳐 지나가는 남이었다면 그분이 어떤 삶을 살았는지 알게 된 지금은 그분을 대하는 마음은 분명히 다르다. 존경스럽고 한동네에 살고 있다는 것이 자랑스럽다. 그분들은 나의 삶을 돌아보게 하며 회초리 역할도 한다.

올해 초에 국제멘탈센터 천비키 코치의 무료 강의를 듣게 됐다. 코칭은 이미 학습코칭을 경험한 적이 있어서 매우 긍정적으로 생각하고 있었다. 모든 인간은 무한한 가능성을 갖고 있으며 문제해결을 위한 답을 갖고 있다. 문제해결을 위해서는 파트너가 필요하다라는 것을 코칭 철학으로 기억하고 있다. 주입식, 암기식 교육이 아니라 달라지는 시대에 맞게 동기 부여를 통해 주도적으로 학습하게 한다는데 많은 매력을 느꼈다.

"멘탈코칭은 성과 코칭의 정수"라는 말이 깊이 박혔다. 코칭을 어떻게 하길래 성과를 낸다는 것이지... 코칭 방법을 알고 싶다. 또 원하는 가치대로 살 수 있게 한다는 말에도 호기심이 생겼다. 나에겐 너무 무거운 교육비를 부담할 수 있을지 걱정하면서도 교육과정에 참여하기로 했다.

2. 멘탈코칭은 나를 성장하게 한다.

교육과정에서 선수를 직접 교육장에서 코칭 실습을 함께 한다는것이 이채로웠다. 히어로 인터뷰를 배우고 다음 날 바로 운동선수를 코칭하는 일은 부담스러우면서도 설렘과 떨림이었다. 모든 것은 멘탈게임이라는 마스터 코치의 말씀을 위로 삼아 나와의 멘탈게임을 시작하게 됐다.

처음으로 동기 코치와 함께 수영 선수를 코칭했다. 내게는 모든 것이 처음이고 낯선 일이었지만 함께 하는 동기가 있어 힘이 됐고 의지가 됐다. 선수가 갖고 있는 소중한 가치를 찾는 멘탈코칭을 내가 진행하고 동기 코치는 시간여행을 통해 자원을 찾는 멘탈코칭을 진행했다. 설렘과 떨림을 안고 어떻게든 선수에게 도움이 되고 싶다는 열망을 담아 선수의 말에 귀 기울이고 공감하며, 함께 성장하고자 했다. 떨리고 부담스러웠던 첫 코칭을 무사히 마치니 '이렇게 하면 되는구나!'라는 마음이 스멀스멀 올라왔다.

이후에도 아산 태권도 사관학교, 평창고등학교 레슬링 선수, 제물포고등학교 야구부, 한국체육대학교 복싱 선수, 핸드볼 선수, 역도 선수를 코칭했다.

"고민을 털어놓을 수 있어서 좋았다."

"생각이 많아 복잡했는데 무엇을 할지 정리가 됐다."

"구체적인 목표 설정을 할 수 있어서 좋았다."

선수들의 소감을 들으면서 우리의 코칭이 일요일의 휴식을 반납해도 후회하지 않을 만한 시간이었구나 라는 생각이 들었다. 특히 "살면서 계속 이 시간이 생각날 것 같다"라던 평창고등학교 레슬링 선수의 소감에 코끝이 찡해왔다.

반면에 코치들은 "나는 별로 한 것이 없는데 선수들이 스스로 목표 설정을 하고 앞으로 나갈 힘을 만들어 간다는 것이 대견하고 감사하다"라는 말을 자주 했다. 마스터 코치는 '코칭 시간은 선수가 자기 인생의 주인이 되는 시간'이라고 했다. 이러한 과정을 통해 내가 얻은 것은 '같이의 가치'다. 같이, 함께 함으로써 더욱 힘이 나고 할 수 있는 분위기를 만들고, 선수에게, 함께 한 동료에게 그리고 나 자신에게 보내는 우렁찬 환호와 갈채는 가슴을 뜨겁게 했다. 나의 힘은 미약하나 함께 하는 우리의 힘은 창대하리라.

3. 내 멘탈이 강해졌어요.

지난번에는 종로3가역에서 3호선을 기다리고 있다가 순간 알아차렸다. 오늘은 5호선을 타야 한다는 것을. 대부분 종로3가에서 3호선을 환승했기 때문에 오늘도 습관처럼 3호선으로 갈아타려고 했다. 속으로 무척 짜증이 났다.

"아휴, 정말… 짜증나…, 아! 바보같이 왜 이리로 왔냐, 5호선 타야 하는데…, 하여간 정말… 어휴…"

속으로 나에게 비난의 화살을 날리며 구시렁거렸다. 그런데 5호선 승차장으로 발길을 돌리며 문득 떠오르는 질문 "내가 지금 원하는 것은 무엇이지?, 5호선을 타고 늦지 않게 도착하는 것이지. 다행이다. 3호선 타기 전에 알아차렸으니 얼마나 다행이야."

생각이 여기까지 미치자 구시렁거림은 사라지고 슬쩍 미소도 지어진다. "아, 생각이 이렇게 변했구나!"

예기치 않은 상황, 혹은 계획과 어긋났을 때 예전에는 짜증이 올라왔다면 이제는 "내가 원하는 것은 무엇인가?"라고 셀프 토킹을 하며 바람직한 방향으로 행동할 수 있게 됐다.

마스터 코치는 멘탈을 '셀프토킹의 질'이라고 했다. 그렇다면 화나고 짜증 나는 순간에 "내가 원하는 것은 무엇인가?"라고 셀프 토킹할 수 있다면 나의 멘탈도 코칭을 배우기 전보다 좋아졌다고 할 수 있다.

4. 우리 동네에는 코치가 있다.

나는 세상을 살아가는 힘을 갖고 싶다. 넘어졌을 때 일어설 힘, 돌길을 걷더라도 포장길이라 생각하며 견디는 힘. 악으로 깡으로 버티는 것이 아니라 넘어졌을 때, 돌길을 걸을 때 "내가 원하는 것은 무엇인가?"를 묻고, "원하는 상태가 되기 위하여 내가 지금 할 수 있는 것은 무엇인가?" 질문할 수 있다면 충분히 힘을 얻고 일어나 앞을 향해 나아갈 수 있으리라. 그 힘이 나를 성숙한 인격으로 성장시킨다고 믿고 있다.

우리 동네 변호사, 세무사가 있듯이 우리 동네 코치로 사람들의 삶을 따뜻하게 바라보고 무수히 상처받았을 삶을 보듬어 주고 싶다. 더하여 과거의 상처를 딛고 건강하고 행복한 삶을 향해 앞으로 나아갈 힘을 찾을 수 있도록 돕고 싶다.

미하일 엔데가 쓴 『모모』에 이런 글이 나온다.

"모모는 가만히 앉아서 따뜻한 관심을 갖고 온 마음으로 상대방의 이야기를 들었을 뿐이다. 그리고 그 사람을 커다랗고 까만 눈으로 말끄러미 바라보았을 뿐이다. 그러면 그 사람은 자신도 깜짝 놀랄 만큼 지혜로운 생각을 떠올리는 것이었다."

나도 동네 코치로서 사람들의 이야기를 그렇게 귀 기울여 들어 주는 사람이 되고 싶다.

우리가 교육 중에 외쳤던 여섯 가지 신념을 다시 한번 새겨본다.

첫째, 인간은 원래가 독특한 존재이다.

둘째, 인간은 원래가 창의적인 존재이다.

셋째, 인간은 원래가 도전적인 존재이다.

넷째, 인간은 늘 성장하는 존재이다.

다섯째, 인간은 무한 잠재력의 소유자이다.

여섯째, 인간은 원래가 시너지 창출자이다.

나와 당신은 이미 그런 존재이다.

한국체육대학교 역도 선수를 코칭하는 과정

아산 태권도 선수 코칭하는 과정

박선영 코치

1. 리더들의 코칭 캠퍼스 대표 박 선영
2. CiT코칭연구소 파트너 코치 겸 FT

leacocam@gmail.com

비즈니스 성과 코치로서 조직, 팀, 개인의 변화가
실제적 성과로 구현될 수 있는 과정을 돕고 있습니다.

1. 멘탈코칭에서 무엇을 기대할 수 있을까?

몇 해 전 다국적 기업의 세일즈 조직을 대상으로 조직 멘탈력을 진단하고 멘탈력과 관련한 워크숍을 진행한 적이 있다. 당시, 멘탈이란 단어가 주는 매력을 특히 성과 중심적인 세일즈 조직에서는 필연적으로 받아들였고 조직의 임원과 팀장님들은 워크숍 과정을 꽤나 호기심 있게 참여해 주었다. 가장 호기심을 보여준 부분은 크게 두 가지였다. "멘탈력을 측정할 수 있는가?", "멘탈력을 강화할 수 있는가?"였다.

멘탈력(mental toughness) 이란 개념은 정신적 강인함에 대한 최초의 이론적 접근을 표방하면서 2019년 한국코칭슈퍼비전아카데미에서 번역서로 출간한 『멘탈력』이란 책으로 처음 국내에 소개되었고 책의 저자가 같은 해 한국코치협회 주관인 코칭컨페스티벌을 통해 멘탈력 진단에 대한 프로그램을 소개했다.

비즈니스 성과 코치로서 나는 성과와 관련된 요소 중 무려 25%의 비중을 차지하고 있는 멘탈력에 매료될 수밖에 없었고 이후, 멘탈력 진단 전문 디브리퍼 자격을 획득하고 본격적인 멘탈코칭을 시작했다. 그러나 멘탈코칭을 하면할 수록 고객의 멘탈에 대한 메타인지를 높이는 것을 넘어 심리강화를 위한 구체적인 How to를 고민하게 되었다.

앞서 언급한 조직 멘탈력 워크숍에서도 고객이 궁극적으로 기대한 것은 구체적인 How to였고 나는 보다 효과적이면서 근거가 있는 멘탈강화 방법론에 대해서 정립하고 싶다는 욕구가 강해졌다. 결국 그 욕구는 인간 본연의 특성, 특히 우리 인간의 뇌의 작동원리에 기반하여 사람을 변화시키는 NLP 코칭으로 연결이 되었고, 성과 코칭의 정수라고 피력하는 국제멘탈코칭센터(MCCI)의 스포츠 멘탈코칭까지 문을 두드리게 되었다.

2. 멘탈을 어떻게 정의 내릴 수 있을까?

영어사전에서 'Mental'을 찾아보면, 형용사로 정신의, 마음의 라는 뜻이 가장 먼저 나온다. 그러나 한국에서 멘탈(Mental)은 통상적으로 "정신력"을 지칭한다. 괴로운 일에 마음이 흔들리지 않고 평정심을 유지하는 능력이다. 특히 이러한 능력은 아주 긴박하고 중요하고 결정적인 순간에 더욱 빛을 발한다. 멘탈력이 한국에 소개되었을 때, Head Message가 "같은 역량 다른 성과 그 차이는 멘탈력" 이였던 것과 일맥상통한다.

스포츠 선수들의 경기 장면에서의 멘탈 이슈를 떠올리면 보다 선명하게 이해가 될 것이다. 훈련 때 아무리 좋은 기록을 낸 선수라도 실전 경기에서 자신의 갈고닦은 기량을 충분히 다 보여주고 심지어 자신도 모르는 잠재력까지 뻗어나갈 수 있게 해주는 것이 '멘탈'인 것이다. 나에게 있어서 멘탈의 정의 역시 상기의 범주에서 벗어나지 않는다. 마치 성과를 내는, 차별성을 만들어 내는 한 끗 차이가 멘탈인 것이다.

그러나 스포츠 멘탈코칭을 통해 만난 '멘탈'의 정의는 나에게 새로운 관점을 열어 주었고 멘탈 강화를 위한 구체적인 How to를 찾는 첫발을 내딛는데 확신을 주었다. 스포츠 멘탈코칭 과정에서 말하는 '멘탈'의 정의는 셀프토킹(self-talking : 자기와의 대화)의 질이다. 즉, 이러한 정의대로라면 멘탈강화를 위해 셀프토킹(self-talking : 자기와의 대화)의 질을 높이는 것을 전제로 구체적인 방법을 적용하면 될 것이다. 이 얼마나 간결하지만 파워풀 한 정의란 말인가!

앞으로 나에게 있어 멘탈이란 "흔들리는 그 어떤 순간에도 자신과의 대화의 질을 높이는 것"이라고 정의하려 한다. 이러한 정의는 흔들리는 순간 원하는 것을 얻기 위한 구체적인 행동으로 나아가게 만드는 힘이 있기 때문이다.

3. 멘탈코칭을 통해 전문코치는 무엇이 달라졌는가?

나는 이미 전문코치다. 국내외 코치 자격(한국코치협회 인증 KPC, 국제코치연맹 PCC)를 갖추고 있고 전문코치를 양성하기도 하며 나의 주요 고객인 기업의 임원 및 중간관리자들의 리더십과 성과 코칭이 내 업의 핵심이다. 내가 코치로서 일을 할 때, 코칭을 통해 가장 변화된 것이 무엇이냐는 질문을 종종 받는데, 그럴 때마다 "회복탄력성"과 "상자 밖에서 자신을 들여다보는 능력"이 두 가지를 언급한다. 이것이 내가 전문 코치가 되기 전과 후의 가장 큰 변화였다.

사실 스포츠 멘탈코칭도 똑같은 코칭이다. 코칭의 핵심 주제가 멘탈인 것이 다르고 여기서 언급하는 멘탈의 정의가 멘탈강화의 방법론에 방점을 찍고 있다는 것이 다르고 대상이 스포츠 선수인 것이 다를

뿐이다. 그럼에도 내가 변화된 부분은 첫째, 멘탈을 결정적인 한순간의 이벤트로 보지 않고 일상에서 멘탈을 의식하게 되었다는 것이다. 일상에서 사소하지만, 뜻대로 움직여지지 않는 자신을 발견할 때, 구체화, 수치화를 통해 셀프토킹을 시도하고 작은 상태변화를 즉각적으로 만들려고 노력한다는 것이다.

둘째, 나란 사람이 같은 행동을 한다 해도 시각, 청각, 신체감각 적 요소에 변화를 줄 때, 어떻게 아웃풋이 다를지 의도를 갖고 다양한 감각자극에 관심을 두기 시작했다는 것이다. 그렇다면 이러한 변화가 정말 차별화된 성과를 만들어 내고 있을까? 라고 자문해 본다면 "그렇다"라고 자신 있게 말할 수 있다.

나는 조직을 나와 (리더들의 코칭캠퍼스)라는 코칭 중심 솔루션 회사의 대표다. 기업의 강의나 코칭이 주된 업이지만 이밖에 조직 성과를 위한 다양한 Co-project와 시대적 실효성이 있는 프로그램 개발과 제안 그리고 홍보 등을 대부분 혼자서 하고 있다. 더불어 오랜 조직 생활을 뒤로하고 홀로서기를 한 데에는 양육 또한 잘 해내고 싶은 욕구가 컸기 때문인데 일과 양육을 유사한 비중으로 하다 보니 일의 진척도나 성과가 만족스럽지 못했다. 그렇기에 나의 가장 큰 고민은 늘 "오로지 업무에만 몰입할 수 있는 환경이 아닌 상태에서도 조직에 있었을 때처럼 가시적인 성과를 어떻게 빠르게 낼 것인가!"였다.

바로 이 지점에서 나는 학습한 대로 셀프토킹의 질을 올리기 위해 하루 일과에 분 단위 스케줄 대신, 의도와 의식화를 구분해 넣기 시작했다. 실상, "매 순간 의식이 깨어있어야 하고 성과를 위해 의도를 갖고 임해야 한다"라는 것은 "멘탈코칭의 핵심"이다. 나에게 새로운 일과표가 생김으로 이전보다는 만족도가 높은 방향으로 일이 진척되고 있고 이 과정을 잘 해내고 있다는 것만으로도 불안과 걱정보다는 안도와 기대가 더 크게 자리를 잡게 되었다.

또한 엄마가 변화하면 아이 역시 달라지는 것 당연지사! 나의 변화를 통해 아이와의 관계에서도 긍정 변화가 시작되었다. 초등학교 2학년 아이에게 하루하루 몸, 마음 상태 체크를 수치화하는 것, 또 원하는 상태에 대해 그려보게 하고 그 상태를 위해 자신에게 어떤 이야기를 해주는 것이 더욱 좋겠는지 물어보길 반복했는데, 며칠 되지 않아서 아이는 스스로 '자신의 상태'를 잘 설명해 주었고 이를 통해 하루 일과 중심으로 원하는 결과에 대해 더 많은 대화를 할 수 있는 기회가 생겼다. 특히, "어떤 상태에 있을 때, ○○○을 즐겁고 빠르게 해낼 수 있었던 것 같아?"라는 종류의 질문을 감각 기준으로 던졌을 때, 이 행위는 아이들에게 자신에 대한 섬세한 메타인지를 개발하는 시작점으로 훌륭한 접근이라는 확신이 들었다.

언제 기회가 되면, 성과를 수치로 나타내는 작업 – 이를테면 가족과의 갈등 횟수가 얼마큼 줄어들었는지 갈등으로 인해 시간 낭비 비효율적인 일 처리가 어느 정도 개선되었는지 또 어떤 감각 환경의 변화로 얼만큼의 업무 혹은 학업의 효율을 이루어 냈는지– 를 산출해보면 흥미롭겠다는 생각이 들지만, 지금의 이러한 변화를 가장 가까운 가족들이 인지하고 인정하게 되었다는 것만으로 충분하지 않을까 생각한다.

다양한 감각을 자극하는 도구를 체험하고 있는 아이

4. 멘탈코칭은 고객 경험을 어떻게 변화시켰는가?

코칭을 통한 상태변화는 한 번의 코칭 세션에서 충분히 이루어 낼 수 있다. 물론 그 변화가 성과로 이어지기까지는 의식적 경험과 성찰의 반복이 수반되어야 한다. 고객님이 오늘 코칭을 통해 "○○○"을 얻고 싶어 하셨는데 어떤 변화가 있었을까요? 이 질문은 전문코치들이 코칭 세션의 성과를 확인할 때 하는 질문이다. 물론 이 질문 이외에도 다양한 형태의 질문을 통해 코칭 세션의 성과를 확인할 수 있다. 스포츠 멘탈코칭을 할 때 역시 동일한 질문을 하는데, 한 가지 다른 점은 현재 얻어진 성찰과 상태변화가 실전에 적용된다면 그것이 '멘탈'에 어떤 영향을 주는지 상기시켜주는 것이다.

스포츠 멘탈코칭 과정 중에 만난 선수 A는 부상의 두려움이 큰 상태였다. A 선수가 자신의 부상에 대해 어떻게 생각하고 있는지 한 발짝 떨어져 이슈를 보는 것을 돕는 장면에서도 꽤나 힘들어했던 선수였다. 이럴수록 부상이란 것의 실체를 확인해 보는 것이 도움이 될 것 같아 A 선수가 갖고 있는 부상에 대한 생각·감정·마음 상태 등을 들여다보기 시작했고 이내 A 선수 자신이 진정으로 원하는 선수로서의 삶, 그리고 그 삶 속에서 자신의 역할을 명확히 하는 모습을 관찰할 수 있었다.

함께 바라봐 주고 효과적으로 느낄 수 있게 시각화하고 구체화하는 도움을 통해 보다 빠르게 자기 모습을 찾아가는 모습이 인상적이었다. 그 순간 부상으로 고통받고 또다시 부상에 시달릴까 봐 두려움에 떨었던 선수 A는 찾아보기 힘들었다.

누구나 그렇듯 명확화 과정을 거치면 할 수 있겠다는 자신감이 생긴다. 이것을 우리는 '동기'라고 말한다. '동기'가 생겼다면 그다음 원하는 모습이 되기 위해서 무엇을 해야 할지는 더욱 탄력을 받게 된다.

선수 A는 '부상'에 대해 자신이 통제할 수 있는 것과 없는 것을 구분해 냈을 때, 자신의 매몰된 생각에서 빠져나올 수 있었다고 언급했다. 그리고 두려운 대상을 시각화하여 바라보니 생각보다 두려움이 적었다고 했다. 오늘의 코칭을 통해 선수 A의 자신의 멘탈이 1점이라도 상승했을까요? 라는 질문에 아주 당당하게 "네"라고 대답해준 고객이었다. 다양한 기법으로 다이나믹을 주면서 진행했던 스포츠 멘탈코칭은 기존의 코칭보다 더 빠르게 고객의 상태변화를 도울 수 있다는 것을 실감한 장면이었다.

비즈니스 코칭 장면에서의 수확은 고객의 즉각적인 피드백에서 느낄 수 있었는데 특히 코칭을 받아본 경험이 꽤 있었던 임원과 중간관리자들은 움직임과 감각을 통해 자기 인식을 높이는 과정의 신선함을 언급하였다. 더불어 더 깊은 몰입감으로 자신을 경계 없이 오픈하게 되는 경험을 공통적으로 나누어 주었다.

1:1 리더십 코칭을 한다고 보면, 리더분들 특히 임원으로 가면 갈수록 자신을 드러내는 것에 대해 혹은 자신의 또 다른 모습을 직면하기가 쉽지만은 않다. 코칭 장면에서조차도 자신이 어느 수준까지 드러내야 잃을 게 없는지를 판단하는 때도 종종 있다. 이런 관점에서는 스포츠멘탈코칭의 원리와 도구의 활용은 꽤나 효과적이었다.

국내 대기업 B전자 임원분도 다양한 코칭을 많이 경험해보았지만 새로운 코칭 방식에 무장해제가 된 느낌이라며 눈치 보지 않고 오로지 자신에게만 몰입할 수 있는 경험을 주어서 고마웠다는 이야기를 남겨주셨다.

움직임과 감각을 통한 자기 인식 과정_임원 코칭 장면

5. 나는 비즈니스 멘탈코칭영역에서
   어떤 코치로 존재하고 싶은가?

조직에서 커리어를 마감하고 1인 기업으로 코칭 중심 솔루션을 제공하는 컨설팅과 코칭을 시작했을 때, 나의 제2의 커리어에 대한 미션(Mission)은 "코칭이 분명하게 조직과 개인 성과에 기여 한다는 것을 방증하는 것"이라고 고객과 나 자신에게 공공연하게 말해 왔다.

이것을 실현시키기 위해서는 내가 줄 수 있는 코칭 서비스가 관념적인 것에서 끝나는 것이 아닌, 성과가 반드시 따라 오게하는 "성장 사이클"을 집요하게 운영하고 한 번의 코칭세션에서 더욱 깊이 더욱 명확하게 동기화를 통해 자기 잠재력을 믿고 실행을 돕는 성장파트너로 존재 하고 싶다. 나에게 멘탈코칭은 이 미션을 달성하는 삶 속에서 나만의 차별화를 만들어 주는 마법의 성과 코칭 도구이다.

앞으로도 리더들의 멘탈은 물론 팀, 조직 멘탈까지 강화시켜서 되고 싶은 모습과 얻고자 하는 성과 모두를 창조해 낼 수 있는 성장 시스템을 제공하는 리더들의 멘탈코칭 마스터로 도움의 여정을 쉬지 않을 것이다.

　더불어 멘탈을 관리하는 구체적 방법을 일찍 경험할수록 효율적인 삶의 궤도를 기대할 수 있다는 확신을 나의 자녀를 통해 갖게 되었다. 평범한 가정에서의 노력이 이러한 큰 변화를 가져올 수 있다는 것은 더 많은 일반적인 가정에도 분명 효과가 있을 것이란 생각이 든다. 아이들의 멘탈력을 강화하는 시스템 개발은 이미 시작하였고 부모를 통해 아이들의 멘탈력을 강화하는 것을 돕는 미션 또한 수립하였다.

　나의 고객에게 "오늘의 멘탈코칭을 통해 아주 작은 것도 좋습니다. 변화된 게 있다면 이야기해주시겠어요? 고객님은 멘탈이 강력해지고 있는 중 이십니다."

잠재력을 믿고 실행을 돕는 성장파트너,
리더들의 멘탈코칭 마스터 드림

의자기법을 활용한 팀 멘탈코칭의 한 장면

박현아 코치

치매예방 뇌마스터
무지개 동아리회장
사회복지사 봉사활동지도사
akfl68@naver.com

1. 나다움을 찾아내는 황금열쇠

무너진 내 삶을 회복시켜주는 가장 중요한 핵심 가이드라 말 할 수 있다. 나다움을 찾아내는 결정적인 열쇠같은 역할 즉, 무너진 멘탈을 회복시키는 원동력이라 할 수 있다. 매 순간 사람들은 멘탈이 무너지면서 경험하는 감당하기 힘든 고통과 슬픔, 괴로움, 상실감, 우울감 등에 맞닥뜨리게 될 때 이 모든 것을 스스로가 통제할 수 없음을 깨닫고 빨리 알아차리고 문제해결을 위한 밝은 긍정의 에너지로 전환할 수 있는 동시에 지속해 실천하도록 끌어내는 것이 바로 멘탈코칭의 매력이라 생각이 든다.

인간관계부터 모든 삶 과정에서 실패와 성공이 존재한다. 성공이라는 목표를 정한 뒤 과정마다 이겨내기 위해 끝까지 도전하는 사람이 그리 많지 않은 이유가 바로 멘탈력이 약하기 때문이다. 내가 만난 멘탈코칭은 바로 그런 나 자신의 임계점을 극복하고 나를 이기는 내면의 자아와 잘 소통한 것이기에 스포츠 멘탈코칭은 나에게 있어 새로운 제 2의 인생, 삶의 도전과 희망, 건강 회복, 나눔의 원동력이다.

『위너스킬』 저자 '박철수' 코치님과 함께

2. 항상 내 편에 서 있는 따뜻한 동반자

코칭을 받는 이에게 나는 따뜻한 사람이면서 언제나 내 편이라는 믿음과 신뢰감을 가질 수 있는 그런 코치가 되고 싶다. 적어도 나에게 코칭을 받는 이들에게 꿈과 희망과 자신의 소중함을 되찾게 도와주는 안내자이며, 더 많이 자신을 사랑할 줄 아는 스스로 가치관을 찾을 수 있도록 독려하는 코치가 되고 싶다. 코치로서의 전문적인 지식 전달보다 온 맘을 다해 진심으로 사람을 살리는 언어 마술사가 되어 고객의 삶에 걸려있는 매직을 풀어주고 싶다.

3. 멘탈은 내 삶의 원동력

유치원 교사로 10년, 결혼과 동시에 혼자만 하는 육아로 인생관이 달라지면서 어린이집 운영을 시작으로 새로운 삶을 전환하며 나름 성공된 것처럼 보였던 30대 40대 인생은 그리 나쁘지 않았다.

왜냐하면 천사같은 두 아들과 내가 원하는 방향이 아니어도 항상 감사하는 맘과 두 아들의 기적 같은 재활 성공이 이뤄질 때마다 더 큰 기쁨은 이 세상에 존재하지 않을 거란걸 나 자신을 안심시키며 통제하며 스스로 주변 관계자들과 잘 소통하고 살았기 때문이다.

내가 살아가는 이유 (소중한 가족)

그러던 삶 속에서 또 다른 선택의 삶에 과감히 평생직업으로 생각했던 유치원 생활을 접어야 했다. 막내아들의 초등학교 적응이 어려워 학교 측으로부터 긴급회의가 열리고 나는 즉시 모든 것을 내려놓고 오로지 아들의 치료와 회복에 온 집중을 하게 되면서 스스로 우울감과 자책에 시달리면서 영혼없는 삶과 전투적인 자세로 살아가면서 엎친 데다 코로나까지 겹쳐 바깥 생활이 거의 차단되었던 그해 24시간 두 아들 케어로 지쳐가고 있을 즈음 우연한 좋은 부모 교육에 초대되어 줌으로 천비키 코치님을 만나게 되었다.

스포츠 멘탈코칭 리더 '천비키' 코치님, '이은선' 코치님

2021년도의 인연으로 다시 살아야겠다는 자각을 하며 건강이 우선이었던 가족들을 위한 대책 수립은 건강한 음식과 건강한 물을 먹고 있는 가운데 네트워크 사업을 하는 식품회사 대표의 러브콜을 받게 되면서 바쁜 나날을 보내며 나름 최고의 로망인 레벨까지 꾸준한 노력의 결과를 얻었지만 결국에는 사람의 욕심과 이기심들에 의한 멘탈붕괴로 몇 개월을 대인기피증까지 앓고 난 뒤, 2024년 올해 작정하고 13기 국제 멘탈코칭전문가 과정에 참여하게 되면서 삶에 큰 변화가 생기기 시작했다.

스포츠 선수들을 코칭해주며 내가 과연 이 과정을 잘 소화해 낼 수 있을까? 6개월간 매달 교육이 시작될때 마다 자신에게 질문했다. 그 해답은 신기하게도 선수코칭 실습을 준비하기 위해 동기 코치님과 소통하면서 무너진 멘탈을 회복할 수 있는 귀한 선물과 같은 질문이었다.

스포츠 선수를 코칭해야 한다는 압박감으로 인해 잘못하면 어떻게 하지라는 두려움과 이전에 가졌던 사람에 대한 상실감들이 스멀스멀 다시 일어나는 것을 알아차리고 이를 처리하는 과정에서, 분명 나 자신을 위한 좋은 방향으로 전환하는 힘을 터득하면서 강한 멘탈 장착에 큰 원동력을 갖게 되었다는 점이다. 결국 나의 몸과 마음은 조금씩 조금씩 건강을 되찾아가고 있었다.

이렇게 회복되면서, 현재 준비 중인 노인복지와 유치원 사업을 차근차근 준비해 나가고 있으며, 그리고 장애가 있는 아이들을 둔 부모들을 도와주는 멘탈코치로 활동하고자 한다. 내 남은 인생 더 멋진 엄마로, 아내로, 교사로 그리고 코치로 새롭게 나눔을 통한 보람을 얻으며 사람을 살리는 언어마술사로 더 귀한 삶을 살아가기로 마음먹었다.

4. 스포츠멘탈코칭-선수 개인코칭과 팀코칭

한국체육대학교 핸드볼 선수 김○○ 선수의 부상 후 진로 방향 설정에 대해 멘탈코칭을 하면서 소중하게 생각하는 가치를 찾고, 현재 고민하는 주제들을 탐색하면서 무엇을 해결해야 하는지를 명확히 할 수 있었으며, 이슈가 명확해지고 어디까지 해결해야 하는지 목표를 명료하게 만들었다.

한체대 핸드볼 김○○ 선수 코칭

이를 바탕으로 시간여행 하듯이, 국제심판자격증 취득까지의 다섯 개 관문 통과를 언제까지 할 것이며, 무엇을 어떻게 준비하고 언제까지 이룰 것인지를 본인 스스로 시각화하면서 놀라워하고 감탄하였다. 이 과정에서 자신이 자랑스럽다며 코치인 나를 꼭 안아주는 멋진 선수와의 만남도 너무도 소중했다.

팀 코칭 때 만난 복싱 선수는 가족이 늘 그립다고 했다. 자신의 롤모델이었던 친형이 대학에 떨어지고, 본인은 승승장구하니 미안함으로 자존감이 낮아지고 갈등을 겪고 있었지만, 멘탈코칭을 통해 자아성찰과 자신감이 향상되어 스스로 행복한 존재임을 확인하고 문제해결의 실마리를 찾아가는 모습에 나는 멘탈코치로서 너무나도 뿌듯하고 보람된 날이었다. 아무것도 하지 않으면 아무 일도 일어나지 않는다는 글처럼 배움과 실천은 나를 더 가치있게 만드는 멋진 일이라 생각이 들었다.

이 글을 마치며 나는 이제 마법사처럼 주변의 인연에서 멘탈력을 필요로 하는 그들에게 스스로가 대단한 존재임을 알아차리게 하는 희망을 불어 넣어주는 멘탈게임의 여행을 계획한다.

스포츠 멘탈코칭 전문가과정을 마치며
한체대 '박○○' 역도 선수와 함께

양덕모 코치

한양대학교 국제문화대학원 중국지역통상학과 교수

happyhw07@naver.com

1. 2028년 LA올림픽은 선수들과 함께

두 아이가 운동하고 있었다. 멘탈이 흔들리는 모습을 보게 되었지만 어떻게 해야 할지 몰라 방황하던 시기가 있었다. 4급, 5급 공무원 코칭까지 경험했었지만, 우리 아이들에게 도움이 되지 못했다. 그리고 코칭을 하는 지인분에게 도움을 요청했지만, 대학원에 가는 것이 좋겠다, 등의 이야기를 들었다.

늦은 나이에 또 대학원 간다고 하였다간 집에서 쫓겨날 판이었다. 이때 운명처럼 나에게 다가온 것이 국제멘탈코칭센터에서 주관하는 멘탈코칭전문가양성 교육이었다. 스포츠 선수들과의 교감, 임장과 부감 등 다양한 실전 도구를 통해 선수들이 상태가 변화되는 모습을 직접 눈으로 경험하며 그들뿐만 아니라 나의 상태도 긍정적으로 변화되고 있다. 정말 좋은 분들과 함께 인생 2막에 새롭게 도전할 수 있는 강력한 무기이며, 2028년 올림픽에 나가는 선수들을 돕겠다는 목표를 만들어준 것이 바로 멘탈코칭이다.

2028년 사이클링 챔피언과 함께

2. 진심으로 코칭을 필요로 하는 사람을 돕고 싶다

나는 참 운이 좋은 사람이다. 잘될 때도 더 잘 될 수 있게 도와주신 분들이 계셨고 힘들고 괴로울 때도 일으켜 주신 분들이 계셨다. 그렇게 도움과 지지를 받았듯이 나 또한 그런 존재로 살고 싶다. 어머님은 늘 나에게 1을 하면 10을 한 것처럼 나의 기를 살려주시고, 바른길로 인도해 주었으며, 무엇을 하던 격려와 지지해 주셨다. 그리고 남을 도우며 살아가는 삶을 몸소 보여주신 어머니의 가르침은 내 가슴 깊은 곳에 자리하고 있다. 나는 이제 멘탈코치로서 잘 듣고 잘 보고 진심으로 필요한 곳에 존재하며 어머님의 가르침을 실천할 수 있게 되었다.

3. 창업자를 위한 멘탈코칭

회사 생활은 구매 업무를 오래 했고, 사람들을 만나는 일을 하다 보니 한국 사람에게 '관계'라는 것은 무엇보다 중요한 요소이며, 모든 갈등의 원인도 관계에서 일어난다는 것을 알게 되었다. 처음에는 DISC 성향 분석에 몰두하여 심화 과정까지 공부하고 거기서 만난 지인의 코칭 회사에서 파트너 코치로 일을 하였다. 코칭이 얼마나 강력한 도구인지 알게 되고 지금까지 활용하고 있고 관계에서 오는 다양한 문제들을 가진 분들에게 스스로 방법을 찾을 수 있게 조금이나마 도움을 주고자 노력하고 있다.

창업 분야에서 만나는 많은 예비 창업자분은 처음 만나는 자리에서부터 풀이 죽어 계시고, 얼굴에도 지친 기색이 많이 보인다. 전후 이야기를 들어보면 "이런 아이템은 경쟁력이 없다.", "비슷한 아이템 엄청 많은데 하지 마라", "지원사업 조건에 안 맞는다." 등등, 또한 사업자등록을 하고 아이템은 있는데 마케팅을 잘하지 못하여, 고민하던 대표님들은 적게는 수백만 원에서, 많게는 몇천만 원까지 투자하였지만 잘되고 있냐고 여쭤 뵈면 한숨만 쉬시는 분들을 계속 만나고 있다.

이제 창업을 접어야 하나 마지막 지푸라기라도 잡는 심정으로 오는 분들에게 코칭에 기반한 멘토링을 진행한다. 멘탈코칭에서 활용하는 ROA(Reality Output Approach) 기법을 기반으로 현재상태, 원하는 상태, 현재 상태, 지금까지 큰 노력을 하셨는데 어떤 것을 해결하고 싶으신지, 그리고 그렇게 되기 위해 어떤 노력을 하고 계시는지 경청한다. 스스로 답을 찾는 과정을 진행하는 동안에도 원하는 해결점을 찾기 어려울 때는 '저에게 몇 가지 아이디어가 있는데 들어보시겠냐?'고 허락을 구한 다음 의견을 제시한다.

사업에 대한 전반적인 이야기를 나눈 후에 다음으로 하는 것은 창업자분들이 가지고 계신 역량을 파악하는 부분이다. 역량을 파악할 때, 진짜 창업자분들이 가지고 계신 잠재력을 확인하는 시간여행을 한다. 처음 사회에 나와 시작한 일은 무엇이며, 지금까지 어떤 일을 해오셨고 인생을 살아오면서 겪은 경험을 함께 이야기하면서 그동안 생각하지 못했던 자신만의 강점, 매력 포인트를 찾아낸다. 그리고 마지막으로 사업화를 위해 필요한 요인은 무엇인지, 어느 부분이 부족하고 어느 부분은 강점, 장점으로 가졌는지 이야기를 주고받으며 하나

하나 포인트를 잡아가면서 무엇부터 시도해야 할지, 더 발전시킬 부분은 무엇인지를 확인하고, 구체적인 실행계획을 수립한 뒤 코칭을 마무리한다.

처음 오셨을 때와는 전혀 다른 밝은 얼굴과 미소가 보이는 창업자분들을 볼 때 가장 보람을 느끼고 있다. 대화를 마무리하면서 오늘 어떠셨나요? 오늘 새롭게 도전해보고 싶은 목표가 생기셨는지 질문을 한다. 그런 시간을 보내고 나면 고객은 그동안 까임만 당하고 해결책을 찾지 못해 힘들었는데 같이 대화하다 보니 자신이 가진 잠재력으로 사업도 고도화시키고 사업계획서도 다시 하나하나 점검하면서 실천할 수 있다는 생각이 들어 너무 기쁘고 감사하다는 말을 들을 때 가장 보람을 느끼고 있다.

4. 스포츠팀의 팀워크

스포츠는 개인종목과 단체 종목이 있다. 개인종목도 팀워크가 필요해, 라고 물어보시는 분들이 있다. 경기장을 한 번이라도 방문해 보면 아! 개인종목 경기에도 팀워크가 필요하다는 것을 알게 된다. 나의 기합에 대한 동료의 반응, 응원, 구호 외침, 코치의 전술지도도 팀워크에 일종이라고 볼 수 있다. 한 명이 아닌 다수의 선수가 함께하는 종목에서는 팀워크가 무엇보다 중요하며, 시합을 며칠 앞둔 상황에서는 더더욱 중요하다고 할 수 있다. 이런 상황에서 팀워크를 위한 멘탈코칭을 의뢰받으면 다음과 같은 활동을 수행한다.

선수마다 각자 자신이 생각하는 팀워크의 중요 요소에 대해 작성한다. 그리고 함께 모여 서로가 작성한 부분에 대해 함께 공유하는 시간을 가진다. 그리고 가장 중요하다고 생각하는 요인들을 다시 모으고 함께 바라보는 시간을 가진 후 승리와 우승이라는 목표를 설정하고 그 목표에 다가갈 수 있게 시도해 볼 수 있는 내용을 함께 작성한다. 실제 선수들과의 진지한 대화, 함께 동고동락하는 선수들의 눈빛교환을 실제 체험하며 느끼는 희열과 감동, 소름 돋음을 말로 표현하기 힘든 무엇인가가 있다.

5. 조용히 다가와 소리 없이 머물다 가는
작은 바람이 되고 싶다

초등학교 선수의 멘탈코칭을 진행한 적이 있다. 이미 여러 대회에서 우승한 경험도 있었지만, 최근 대회에 나가서 아쉬운 경기를 하고 또 그 선수를 만나면 어떻게 해야 할까에 대한 고민이 있었다. 그때의 상황을 이미지로 재현해 보고 또 그 선수를 만나면 어떻게 할 것인지, 스스로 전략을 짜보는 시간을 가졌다. 그리고 동기 부여를 위한 최상의 경기 결과를 가정해 보는 시간을 가졌다. '코치님 제가 이런저런 부분들은 더 노력할 수 있을 것 같아요.'라고 자신에게 동기 부여를 하는 모습을 볼 때 진심으로 응원하게 된다.

국가대표 꿈나무 코칭

코칭이 항상 만족스럽지 않을 때가 있는 것 같다. 성공의 경험이 아직 많이 없는 선수, 그리고 계속해야 하는지 고민하는 선수들을 볼 때 그들의 실제 욕구를 들어주고 공감하여 가장 나은 방법을 찾을 수 있게 도와주는 부분도 쉽지 않다. 실제 코칭의 잘 이루어졌다고 생각했지만, 경기장에 가서 보게 되면 날씨, 개인 컨디션, 경기장 등 다양한 변수들을 놓고 싸우는 선수들을 볼 때, 그리고 최선을 다했지만, 좋은 결과가 나오지 않아 실망하는 선수들을 볼 때 내 멘탈도 흔들릴 때가 많았다.

　일희일비하지 않고 쉽게 지치지 않고 최선을 다한다는 마음가짐으로 멘탈코치의 역할을 수행하고 있다. 하루하루 단단해지고 있는 나 자신을 느끼며 더 많은 경험과 지식으로 스포츠 선수들이 자신의 꿈을 펼치는데 조용히 다가가 소리 없이 머물다 가는 작은 바람이 되고 싶다.

한국체육대학교 역도부 선수들과 그룹코칭

유수남 코치

전)전국시도교육청 감사관협의회 대표
전)KGS젠더자문관
한국커피협회 바리스타
ypgup83@naver.com

1. 멘탈갑이 멘탈코칭 걸음마를 시작한 이유

"세 살 버릇이 여든까지 간다.", "머리 검은 짐승은 거두지 마라." 등의 속담과 '사람은 열 번 다시 된다. 사람은 백 번 된다.'라는 상반된 속담이 있다. 우리는 사람을 어느 쪽으로 먼저 생각하며 살아야 하는지 고민될 때가 많다. 대통령 소속, 총리실 소속, 중앙 부처에서 광역 자치단체 부서장에 이르기까지 오랫동안 여기저기서 특이한 이력의 공직자로 살아왔다. 많은 사람을 만나고 수많은 일을 겪으면서 주변으로부터 멘탈갑이라는 별칭으로 불렸다.

NGO 활동 경력과 NGO 정책관리 과정 전공자로 공직 생활을 하면서 늘 공직사회의 조직문화와 거버넌스에 관심을 두고 변화를 위해 노력했다. 재직 기간이 늘어갈수록 공직사회에서 아무리 좋은 법규와 메뉴얼도 탈권위 없이는 무용지물이라는 것을 절감하게 되었다. 부족했지만 나부터 수평적 리더십과 섬김의 리더십으로 업무를 수행하고 구성원들과의 관계를 새롭게 만들어 보려고 노력했다. 무엇보다 경직된 조직문화를 수평적이고 공동체적인 사람 중심의 문화로 변화시키려고 했다. 담당하는 부서에서부터 생활 협약을 만들고 회의, 연수, 회식문화부터 바꿔나갔다. 그러나 회갑을 맞으며 퇴직 시점에서 돌아보니, 엄청난 예산과 해외연수를 포함한 각양각색의 공직자 연수와 교육의 성과에 후한 점수를 줄 수는 없었다. 특히 조직 내부에서 시련을 겪으면서 청렴과 공직윤리 강사로 바쁘게 다녔던 것과 모두가 어깨를 나란히 하고 상호존중하는 공동체문화를 열망했던 부서장으로서의 노력에 대한 회의와 좌절로 멘탈까지 크게 탈이 났다.

"사람을 구제하면 앙문을 하고, 짐승을 구제하면 은혜를 안다"는 속담에 포로가 될 수도 있는 지경에 이르렀다. 멘탈갑으로 불렸지만, 신앙인이며 명상이나 마음 관리법 등을 조금 익혔을 뿐이었다. 심리 문제를 깊이 공부한 적은 없었다. 멘탈코칭스킬을 배우면서 자신을 성찰하고 알아차린 바에 따라 변화와 도전을 모색하는 안정적 멘탈관리 훈련을 받은 바는 없었다. 소속 중앙 부처에서 호랑이 국장으로 불리는 고위 간부도 대통령님이 참석하는 행사에서는 지나친 긴장으로 실수한다. 전문성이나 업무능력의 부족이 아니라 멘탈의 문제였다. 국내에서 손꼽는 기획사에서 소위 VIP 참석 행사를 진행하면서 여러 번의 리허설에도 불구하고, 본 행사에서는 단순한 음향기기 작동 실행순간을 놓치고 큰 후과를 치르는 것도 멘탈의 문제였다. 퇴직 전에 깊이 신뢰하고 있는 지인의 안내로 국제멘탈코칭센터(MCCI)를 만나게 되었다.

그러나 바로 인연을 맺을 수는 없었다. 성서는 여러 구절에서 사람을 외모로 판단하지 말고 마음의 중심을 볼 것을 강조하고 있다. 크리스천이지만 그 구절에서는 벗어나 있었다. 언제 어디서 무엇을 하든지 완벽하게 세팅된 상태에 익숙한 사람에게 국제멘탈코칭센터의 사무실 구성, 안내 과정, 행사 진행 등이 프로페셔널하지 못한 모습으로 보인 탓이다. 마음의 중심을 보지 못하고 외모로 판단하고 불신한 탓에 1년의 세월이 지나가 버렸다. 나중에야 왜 달을 보지 못하고 손끝의 티끌만 보았는지 막심하게 후회하였다. 후회만큼이나 13기 멘탈코칭전문가과정에 몰두하였다.

멘탈은 일상에서 흔히 쓰는 말이지만 깊이 생각해보거나 학습을 통해 정리하고 있지는 못했다. 상식처럼 되어 있는 정신력이 강한 사람의 9가지 특징(객관적으로 보고, 내려놓을 줄 알고, 침착하며, 행복에 집착하지 않으며, 낙천적이고, 과거가 아니라 현재에 살고, 목표를 향해 꾸준히 정진하며, 접어야 할 때를 알고, 자신의 삶을 사랑한다) 등을 통해 스스로 후한 점수를 주었다. 늘 멘탈이 강한 사람이라 여겼고 불리며 살아왔다. 멘탈은 자신에게 주어진 삶의 조건을 극복하고 무엇을 위해 어떻게 살 것인가를 스스로 결정하며, 예측되는 또는 예측불허의 난관과 위기를 견디고 헤쳐나가는 정신력이라고 생각한다.

무소의 뿔처럼 혼자서 가라는 성현들의 가르침을 잘 감당하면서 즐겁게 자신의 길을 뚜벅뚜벅 걸어가는 힘이라고 여겼다. 그런데 여기에 막막함이 있었다.

하나님을 아는 것이 지혜의 시작이라는 구절을 새기며 진리가 너희를 자유롭게 하리라는 말씀을 따라 신(信)자됨을 향해 정진하는 길, 천상천하 유아독존이라는 구절을 새기며 일체유심조의 길을 닦고 각(覺)자됨을 향해 정진하는 길, 사람다운 사람이 되는 길을 구체적이고 실증적으로 제시하고 있는 구절을 새기며 군(君)자됨을 향해 정진하는 길은, 모두 멘탈을 위한 담론과 행함으로는 더할 나위 없이 좋고 모든 인생사에 해답을 주고 있다고 생각한다. 그러나 세상만사는 시시각각 요소요소 정신을 바짝 차리고 응전해야 할 순간순간들이 너무나 많다. 각각의 변화무쌍한 실전에서 구체적이고 실용적이며 효과적인 처방으로 당면한 해결책을 주지는 못한다는 벽을 마주하고는 했다.

이런 고민을 안고 국제멘탈코칭센터를 만났다. 멘탈코칭전문가과 정에 참여하면서 멘탈과 멘탈코칭에 대해서 체계적으로 공부할 기회가 처음으로 열렸다. 그 과정에서 대학원 재학시절 어설프게 대면했던 알프레드 아들러(1870.2.7.~1937.5.28)를 다시 만나게 되고 좀더 깊이 사귀게 된 것은 내게 아주 커다란 기쁨이었다.

성(性)적 본능을 중시하는 프로이트와 학술상의 이견으로 결별하고 인간의 삶에서 목적의 완성을 역동적으로 추구하는 개인에 주목했던 아들러에게 많은 관심을 기울였다. 아마도 크리스천인 내게는 아들러의 학술적 이론이나 심리학보다는 그가 남긴 "네 이웃을 네 몸과 같이 사랑하라는 격언이 있습니다. 앞으로 수백 년 동안 이 격언은 숨 쉬거나 걷는 것만큼 자연스러워져야 합니다. 모든 사람이 이 격언을 마음속에 품었을 때 세상은 더 아름다워질 것입니다"라는 말이나, "미움받을 용기"에 대한 사유와 설파가 깊은 공감과 위로를 주었다. 멘탈코칭의 힘은 나와 상대에 대한 진정한 존중에서 생성되는 긍정적이고 다이내믹한 에너지임을 더 깊이 체감하면서, 해마다 나이테를 더해가는 아낌없이 주는 나무가 되고 싶다.

멘탈코칭에 대한 강의

2. 공부는 설레임을 만든다.

　멘탈코칭 공부를 시작하면서 오히려 멘붕이 왔다. 사람은 누구나 자신에 대해서는 관대하다는 말이 있지만 가정에서 직장에서 어디서든 그래도 좋은 사람이라고 생각해 왔다. 그런데 스스로 평가절하할 수밖에 없게 된 것이다. 경청(강의, 상담, 실무 관련 포함)과 섬김에 대해 그런대로 잘 해왔다고 생각했었는데 우선 경청 능력부터 절대 부족으로 진단하게 되었다. 멘탈코칭을 하는 코치는 자신의 상태와 고객의 상태를 알아차리는 것에 매우 민감한 감각이 있어야 한다. 자신의 상태에 대해 조금 알아차리고 보니 한심하기 짝이 없었다. 코치의 경청은 들어 주는 것만이 아니라 상대방이 스스로 속내를 끄집어내서 볼 수 있도록 안내하는 촉진제 역할을 해야 한다. 또한, 자신의 이야기와 생각 등을 다 말하고 스스로 해야 할 바를 발견하고 대책을 찾아갈 수 있도록 안내하는 것에 이르러야 한다.

　그러나 나는 강의건 상담이건 내 생각을 잘 전달하기 위한 듣기에 집중했었다. 상대방의 짧은 질문조차 겸허하게 충분히 경청하기보다는 "무엇을 물어보고 싶은지 알고 있습니다" 식으로 들으면서 속으로는 답변을 준비하고 있었다. 이런 습성은 멘탈코칭을 공부하고 실행하는 과정에서 걸림돌이 되었고 경청의 자세를 바로잡는 데 시간이 걸렸다.

1:1 멘탈코칭(펜싱 선수)

3. 나의 삶에 작은 변화가 시작되었다.

부모님으로부터 누구든지 상대방을 위해 엉덩이를 자주 떼는 것이 사랑이라고 배웠다. 지금까지 비교적 그렇게 살아왔다고 생각했다. 그러나 오랜 간부 생활로 대접과 환영을 받고 다양한 서비스를 제공받는 것에 익숙해지면서 몸도 마음도 둔감하게 퇴화된 측면이 있다는 것을 알아차리게 되었다. 특징 중의 하나가 주변에 누가 있으면 무엇인가를 잘 묻는다는 것이다. 핸드폰을 들고서도 스스로 검색하지 않고 날씨나 가고자 하는 곳까지 걸리는 시간 등을 묻는다. 사실 핸드폰의 다양한 기능까지는 잘 모르기도 했다. 멘탈코칭을 배우면서 동기들과 식사를 하러 갔는데, 누군가가 결제하고 카카오뱅크로 입금해 달라고 했는데 나만 현금으로 드렸다.

즉시 주민센터에서 운영하는 "신박한 스마트 세상 생존법 심화 교육(명칭은 고급반이지만 초급반임)에 참여하는 것으로 나의 상태변화를 촉진하였다. 커피숍 바리스타, 로컬푸드점 배달, 청소 아르바이트를 하면서 몸과 마음의 감각을 다시 깨우고 상태변화를 촉진하면서 멘탈코칭을 위한 경청과 알아차림에도 많은 도움을 받았다." "인내는 쓰다. 그러나 열매는 달다"라는 말이 있다. 그러나 멘탈코칭전문가과정은 예외다. 단군신화에서처럼 캄캄한 동굴에 들어가 100일 동안 쑥과 마늘만 먹으면서 인고의 시간을 견뎌내야 하는 과정이 아니다. 공부 시간이나 쉬는 시간이나 축제 분위기처럼 즐겁다. 신나게 모이고 재미있고 따뜻한 가운데 배우고 익히는 과정을 통해, 스스로 홍익인간이 되어가고 널리 세상을 이롭게 할 수 있는 길이 멘탈코칭의 길임을 조금씩 더 깨닫고 있기 때문이다.

어려서부터 함께 크고 서로 모르는 것이 없다고 생각할 정도인 절친을 멘탈코칭 고객으로 만나게 되었다. 끝까지 피하려고 했으나 정색하며 상담하고 싶다고 해서 멘탈코칭을 준비해서 만났다. 다행스럽게도 친구는 코칭이 마무리될 때 "코치님 고맙습니다. 이거 참 좋다. 너 잘 선택한 것 같다"라고 말했다. 코치가 아니라 친구로서는 조금 서운한 점도 있었다. 멘탈코칭을 시작하면서 조금은 어색해하던 친구가 말문이 열리면서 내가 모르고 있던 개인사와 사연까지 내놓았기 때문이다. 멘탈코칭전문가과정에서 배운 경청에 대한 철학을 바탕으로 듣고 질문하면서, 공감하고 격려하며 고객의 말을 확인하고 요약해서 전하는 코칭의 프로세스가 효과를 나타낸 것이었다. 지방 도시에 살면서 헬스장을 운영하고 다른 곳에서는 펜션과 카페를 운영하는 60대 초반의 선배로부터 연락이 왔다.

"요즘 상담하는 일을 새로 시작하셨다고요? 만나서 나랑 이야기 좀 나눕시다"라는 전화였다. 상담이 아니고 멘탈코칭전문가과정을 공부하러 다니는데 아직 누구를 만나서 코칭을 하는 것은 아니라고 정중히 사양했다. "내가 죽을까 살까 하고 있는데 안 만날 거야?"라는 소리에 깜짝 놀라서 얼른 만나자고 약속했다. 사연은 아내와는 졸혼해서 별거 중이고 자신은 홀몸이 된 누님 댁에서 지내고 있는데 사무실에 나가기도 싫고 자주 우울함에 잠긴다는 것이다. 누님은 자녀들의 육아를 도우러 다니느라 자주 집을 비워서 빈집을 지켜주는 신세가 되었는데 이제는 밖에 나가는 것도 싫어졌다고 한다. 거두절미하고 선배님은 타임라인 등의 멘탈코칭을 통해 기대수명을 80세에서 99세로 연장하고, 취미활동이지만 전문연주자급의 색소폰 연주 실력을 바탕으로 재능기부와 사회봉사 활동 희망 기간을 88세까지로 확정하였다. 머리가 가볍고 가슴이 후련하다고 하셨다. 나 역시 돌아오는 발걸음이 한결 가벼웠다.

운동선수들처럼 구체적 과제를 가지고 매일매일 씨름하면서 몸과 마음을 불태우는 사람들을 대상으로 멘탈코칭을 해야 하는데, 퇴직자나 초로의 나이에 접어드는 분들한테 요청이 온다. 인생 2막 인생 상담도 아니고 혼란스럽다고 털어놓았다. 역시 답을 내놓기보다는 코칭 질문으로 스스로 성찰하고 답을 얻도록 안내해주셨다. 코칭 프로세스를 가지고 고객의 상태 순환을 빠르게 향상시켜 성과를 내고 발전하게 하는 것이 멘탈코칭인데, 고객의 수명을 20여 년이나 연장해 놓았으니 자랑스럽고 기쁘게 생각하고 더 많은 코칭을 해야 한다고 용기를 북돋아 주었다. 멘탈코칭으로 스포츠 선수들을 많이 만나게 되었다. 만난 소감을 한마디로 표현한다면 대학 본론 2장 구일신(苟日新) 일일신(日日新) 우일신(又日新)의 표상이라고 할 수 있겠다. "진실로 새로워지기 위해서는 나날이 새롭고, 또 날로 새롭게 해야 한다"라는 말은 스포츠 선수들에게 안성맞춤인 말이었다.

매일매일 온 마음과 온 몸으로 일일신 우일신을 실행하며 자신의 상태변화와 성과를 위해 매진하고 있기 때문이다. 스포츠 선수들에 대한 멘탈코칭은 순탄한 만남과 보람으로 이어졌고 호감을 넘어 존경 하는 마음에 이르게 했다. 물론 매우 어려운 순간을 만나기도 했다. 결 과적으로는 쌍방의 성장으로 이어지는 깊은 체험을 가져다주기도 했 다. 배우고 익힌 멘탈코칭 프로세스가 어려운 만남과 문제를 풀어주 었다. 고객도 코치도 함께 성장시켜 준다는 것을 확인하고 보람을 가 꾸는 시간이었다. 어려운 만남이었지만 서로 평강을 가슴에 담고 마 무리된 스포츠 선수 멘탈코칭 이야기를 한 가지만 하려고 한다. 관련 하여 13기 멘탈코칭전문가과정 동기가 보내준 카톡 문자로 대신하기 로 한다.

"안녕하세요 코치님, 어제 ○○부 코치님과 만나서 이야기를 나누 었어요. 이번 멘탈코칭으로 선수들과 부모님들의 만족도가 컸다고 해 요. 다음에 기회를 마련해 다시 코칭을 의뢰하고 싶다고 합니다. 선수 중에서 특히 큰 변화를 보이는 선수가 가정 문제 등으로 자살 충동도느 끼고 정말 자살할까봐 조마조마했던 학생이 있었는데 학교 상담 선생 님들도 힘들다고 고개를 흔든 그 학생이 멘탈코칭을 받고 지금은 밝아 지고 운동도 열심히 하고 아이돌하고도 잘 지내고 있다고 합니다. 코치 님께서 이제는 그 학생이 자살할까 하는 걱정이 안 된다고 정말 감사하 다고 합니다. 멘탈코칭이 정말 중요하다는 것을 알게 되었다고 하네요. 오늘도 힘내서 좋은 하루 보내세요" 이것이 그 전문이 다. 멘탈코칭전 문가과정 수업 첫날을 기억한다. 시작부터 끝까지 고객의 이야기를 잘 경청하는 것이 멘탈이 강한 것이고 코치 훈련의 시작이라는 것이었다.

코칭의 상대에게가 아니고 상대 삶의 주제에만 관심을 집중하라는 배움, 코칭은 피코 스스로가 결정하고 일어서고 나갈 수 있도록 하는 과정이라는 배움, 멘탈코칭은 오감을 최대한 활용하는 코칭이며 셀프 토킹을 지원하는 것이라는 배움, 코칭은 고객의 상태변화(집중력, 재집중력)를 빠르게 해주는 역할을 통해 고객이 성과를 내고 발전하게 돕는 것이라는 배움, 코칭을 잘하려는 노력보다 사람의 본질에 대한 신뢰와 진정성이 더 중요하다는 배움 등은 멘탈코칭의 바탕을 이루는 소중한 배움이었다. 우리는 그동안 배우고 익힌 멘탈코칭 스킬을 실행하면서 실전에서의 놀라운 효과와 성과를 창출하는 힘을 체험하고 있다. 멘탈코치들은 콘텐츠 전문가가 아니라 프로세스 전문가다. 모든 돌파구와 에너지와 꿈의 설계가 한 사람 한 사람 속에 있음을 실감하고 있다. 미켈란젤로가 "대리석에 다비드상을 조각하는 것이 아니라 다비드를 꺼내는 것이다"라고 했다는 말도 더 깊이 공감하게 된다. 멘탈코칭은 인간에 대한 무한한 신뢰를 바탕으로 나를 이롭게 하고 널리 세상을 이롭게 한다는 생각으로 오늘을 살고 있다.

멘탈코칭전문가과정이 끝나면 열정과 패기로 오늘을 살아내고 있거나 주어진 삶의 무게를 힘겹게 견디고 있는 젊은이들에게 작은 보탬이 되고 싶다. 퇴직자와 노인에 대해서도 동병상련의 심정으로 최선을 다해 환대하며 코칭에 임하고 싶다. 먼저 자신의 심화와 코칭 숙련을 위해 구체화 수치화된 플랜을 가지고 계속 정진해 나갈 것이다.

동문수학한 동기들과 인연을 이어가며 좋은 사람이 되고 세상을 이롭게 하려고 함께 노력하고 싶다. 우리 부부는 오래전부터 누구나 찾아와 편하게 머물 수 있는 소박한 공유공간과 북스테이 운영을 꿈꾸고 있다. 우리가 소장하고 있는 다양한 사연의 도서를 공유하고 작은 규모이지만 작가들의 친필 시와 그림을 걸어 두려고 한다. 코칭을 위해 고객을 만날 때처럼 정현종 시인의 방문객이라는 시(時)의 마음으로 손님을 맞이할 것이다. 부부가 모두 제빵을 하고 다양한 차를 즐기며 바리스타이기도 해서, 오래전 선물로 받은 VIP 싸인 찻잔부터 여러 가지 사연을 간직하고 있는 도자기에 정성껏 담아내려고 한다. 남북을 오가며 지내던 민족 화해 협력 시대의 추억이 담긴 것들도 공유하며 함께 미래의 평화를 꿈꾸어 보려고 한다. 우리를 찾는 누구에게나 원하는 분들에게는 멘탈코칭을 하면서, 핵 개인 시대와 인공 지능 시대에 직면한 사람들이 더 따뜻한 유대와 기쁜 만남을 나눌 수 있도록 환대하는 멘탈코치가 되기를 소망한다.

지난 5월 31일 여수세계박람회장에서 열린 2024 대한민국 글로컬미래교육박람회 주제는 "티칭 아닌 코칭으로"였다. 우리는 누구보다 깊이 공감하였다. 시대적 요청의 시급성에 발맞추어 교육과 행정환경의 빠른 변화를 촉진하고 멘탈코칭을 확산하는 내일을 그려본다. 꿈은 이루어진다.

한일 멘탈코칭 포럼 참가

윤나경 코치

쿨쿨스쿨 대표
한국수면관리협회 수면코칭강사
mi3364000@gmail.com

1. 날마다 자는 잠 여러분은 어떻게 생각하시나요?

　　날마다 자는 잠 여러분은 어떻게 생각하시나요? 저는 잠을 잘 잘 수 있도록 돕는 일을 하고 있습니다. 예전에 저는 잠을 잘 몰랐습니다. 잠을 주제로 공부해 본 적이 없었거든요. 우리 사회에 당연시되어온 잠을 많이 자면 게으른 사람, 성공하려면 잠을 줄여야겠다는 말들이 맞는다는 생각으로 자연스럽게 세뇌가 된 상태로 '잠은 죽어서 자는 거야'라며 최대한 잠을 줄여서 내가 원하는 일을 해야 한다는 생각으로 20년을 생활한 결과는 안타깝게도 몸과 마음의 건강을 잃는 결과를 얻게 되어 건강을 회복하기 위해 좋다는 것들을 나름 찾아보고 실행하는 과정에 잠이라는 것을 알게 되었습니다.

　　잠이 이렇게나 중요한 것이 없다고 와~놀라움을 감출 수가 없었습니다. 잠자는 시간을 바꾸고 잠자는 도구를 바꾸고 잠만 잤을 뿐인데 건강이 모두 회복이 되었습니다. 그래서 건강의 기본이 잠이었다는 것을 알고 저처럼 잠을 모르는 사람에게 잠의 중요성을 알리고 잘 잘 수 있도록 돕는 일이 나의 사명이라는 생각을 갖고 열심히 일을 하게 되었습니다. 수면코칭을 통해서 많은 분을 만나다 보니 다양한 원인으로 불면증이라는 문제를 겪고 계시는 분들이 많았습니다. 불면증의 가장 큰 원인은 심리적인 부분이었어요. 불면증을 해결하는 데는 심리적인 부분을 먼저 다뤄야 함을 알게 되었고 심리적인 부분을 해결하기 위해서는 멘탈관리가 필요함을 절실히 느꼈습니다. 특히 스포츠 선수들의 수면은 컨디션 조절에 매우 중요한 영역이었습니다. 최고의 포퍼먼스가 나오기 위해서는 전날의 얼마나 잤느냐가 중요했고 경기의 승패까지도 좌우함을 알게 되니 수면에 대한 중요성을 알려주고 어떻게 하는 것이 질좋은 수면을 할 수 있을지 돕고 싶었습니다. 스포츠 선수들은 정말 힘들게 날마다 연습해서 어렵게 경기에 나가는데 경기에 대한 부담감으로 전날 잠을 잘 자지 못해 경기 때 안타깝게도 제대로 실력 발휘를 못해 힘들어하는 것을 접하게 되니 더욱더 스포츠 선수들의 수면을 도우려면 스포츠 멘탈코칭에 필요함을 느끼고 배우게 되었습니다.

2. 나에게 멘탈코칭이란?

나에게 멘탈코칭은 에너지입니다. 멘탈코칭을 통해 스스로 나의 에너지를 충전할 수 있어 좋습니다. 저는 흔하게 말하는 유리멘탈이라 조금만 힘들어도 스스로 고립되어 자포자기 상태가 되어 힘들었는데 멘탈코칭을 배우면서 제 멘탈이 올라가고 있음을 느낍니다. 아침에 눈을 뜨면 누워서 오늘의 몸 상태를 체크하고 컨디션이 안 좋다는 생각이 들면 내가 원하는 컨디션으로 의도적으로 올리는 작업을 하면 좋은 컨디션으로 올라가는 것을 느끼면서 즐겁게 하루를 시작할 수 있어 너무 좋습니다.

3. 멘탈코칭을 배우면서 내가 변화된 사례

내 생각보다는 상대 입장에서 생각하고 내 감정이나 생각은 항상 뒷전이면서 유리멘탈이었는데 멘탈코칭을 배우면서 나의 의도대로 살아가는 방법을 배우고 실행할 수 있어서 좋습니다. 날마다 조금씩 성장해가고 있어 보람을 느낍니다. 그리고 스스로 자신감이 생겨서 남들 앞에서 떨지 않고 말할 수 있어서 참 좋습니다. 그리고 제가 하는 일에서도 고객님들께 어떻게 수면 코칭을 하면 좋을지 알게 되면서 저를 찾는 사람들께 드릴 수 있는 것들이 조금 더 많아져서 자부심도 생기고 고객님들의 미소 속에 뿌듯함이 느껴집니다.

4. 자신의 변화로 타인이 변화된 이야기

저처럼 관계 우선인 사람들이 있습니다. 그래서 제가 멘탈코칭을 배우면서 저에 달라지는 모습을 보며 비법을 알려달라고 하셔서 나의 의도를 갖는 것에 대한 중요성과 스스로 멘탈코칭할 수 있는 방법을 알려주니 너무 좋아하면서 자신도 아침마다 되고 싶은 나를 상상하며 자신의 의도대로 살아가고 있다며 고마워합니다.

5. 코칭으로 변화된 고객 사례

멘탈코칭 실습으로 만나는 대한민국 꿈나무 스포츠 선수들 조금이나마 저로 인해 도움이 되어 그 선수가 자신의 꿈을 이루는 데 도움이 되길 바라는 마음입니다. 하루는 제가 수업하고 있는 곳에 사회복지사님이 제가 스포츠 멘탈코칭을 배우고 있다고 했더니 자기 아들이 초등학교 2학년인데 요즘 아들이 많이 힘들어해서 축구 그만둬도 된다고 해도 자기는 축구가 좋다며 계속하고 싶다고 하니 부모로서 어떻게 해야 할지 모르겠고 걱정이 된다며 아들을 한번 만나줄 수 있는지를 부탁해서 꿈나무 축구선수를 만났습니다. 처음 만났는데 초등학교 2학년 친구는 튼튼하고 단단한 몸에 체구도 좋아 보였습니다.

야구의 영웅과 열정의 멘탈코칭

축구도 초등학교 2학년 중에서는 잘하고 주장을 했었다고 합니다. 하지만 팀의 상황이 바뀌면서 선수 간의 관계에서 조금 힘듦이 있었는지 틱까지 온 상황이었고 좋아하는 축구를 그만두지 않고 계속하고 싶은데 어떻게 해야 할지 고민이 되는 상태였더라고요. 한 번의 멘탈코칭으로 선수가 지금 필요한 것이 경기를 뛰는 것보다는 기본기를 다지는 것이 더 좋다고 판단하고 기본기를 더 중심으로 할 수 있는 다른 팀으로 옮겨야겠다는 생각으로 어렵지만 팀을 옮길 수 있었고 부족했던 기본기를 다지면서 즐겁게 축구를 하고 있었습니다.

그 후 2주 뒤에 만났는데 오~ 틱이 좋아졌고 옮긴 팀에서는 가장 어린 나이지만 선배 선수들과 감독님 코치님들께서 모두 잘해주시니 재미있게 축구를 하고 있어서 저 또한 기분이 좋았습니다. 어린 선수이지만 자기의 꿈과 목표가 확실하고 그것을 이루기 위해서 지금 자신이 무엇을 해야 할지를 알고 있어서 감동했습니다.

실습으로 우리나라 스포츠의 꿈나무 선수들을 코칭하면서 느끼는 바가 컸습니다. 제가 만났던 농구 선수, 복싱 선수, 핸드볼 선수, 야구 선수, 태권도 선수, 축구 선수 다양한 종목에 선수들을 만났는데 어린 나이에도 자신을 컨트롤하면서 자신에게 무엇이 부족한지를 알고 스스로 노력하려는 생각과 조금씩 안 되는 부분의 코칭을 통해 스스로 아~~~이렇게 하면 되는 거라는 것을 깨달으면서 좋아하는 모습을 보고 저도 눈물 나게 감동과 행복함이 가득해졌습니다.

또한, 선수들이 운동 연습도 중요하지만 잠을 잘 자는 것이 얼마나 중요한지를 인지하고 있으며 잠을 잘 자기 위해 노력하는 모습을 보며 좀 더 잠을 잘 방법과 환경에 따라 잠을 잘못 잤을 때 어떻게 해야 컨디션 조절을 할 수 있는지를 알려주니 꿀팁이라며 좋아했습니다.

최고의 농구 선수와 함께

6. 앞으로 코치로서 미래 계획이나 포부

정성스러운 마음으로 정말 이 선수에게 도움이 되는 멘탈코칭을 해야겠다는 마음으로 멘탈코칭을 했더니 선수들이 만족해하고 변화되는 모습을 보며 정말 보람을 느꼈습니다. 선수들의 걱정 중에 가장 많은 부분은 당연히 경기를 잘해서 우승을 차지하는 것이지만 그다음으로 차지하는 것이 부상과 회복이었습니다. 부상으로 인해 오랜 시간 운동을 할 수 없고 그동안 몸과 마음이 무너져 내리는 힘든 시간을 버텨야 하기에 무엇보다도 강한 멘탈이 필요했습니다.

연습을 통해 힘들어진 몸과 부상으로 인해 아픈 몸을 최대한 빨리 회복할 수 있도록 시간을 단축하는 것은 잠을 잘 자는 것이기에 잠자는 동안 우리 몸에 어떤 일이 일어나는지 잠의 중요함을 알려주고 잠을 잘 방법을 몇 가지 알려주며 날마다 실천할 수 있도록 도움을 주었더니 막연하게 생각했던 잠을 더 구체적으로 이해하고 탑클래스 선수들이 잠자는 시간에 투자하는 이유를 이해했다며 너무 좋아했습니다.

앞으로 스포츠 선수들의 경기 향상을 위해 좋은 잠을 선물하는 멘탈코치가 되겠습니다.

윤소진 코치

1. 한국하브루타교육연구협회 선임연구원
2. 하브루타부모교육연구소 팀장
3. 한국학습코칭전문가협회 강사
4. 훈민에듀코칭파트너 코치

ellenyun_eum@naver.com

어쩌다 아들 셋의 쌍둥이 엄마이자 야구 선수를 꿈꾸는 아이의 엄마
운동선수와 그 가족의 동반성장을 디자인하는 멘탈 코치이자,
운동선수 부모의 마음을 누구보다 이해하는 동반자입니다.

1. 나는 운동선수의 부모이자 운동선수들과
그들의 부모님을 위한 멘탈코치다.

스포츠 멘탈코칭 과정을 시작하게 된 계기는 삶에서 큰 변화를 가
져왔던 몇 가지 중요한 사건들로부터 비롯되었다. 운동선수 부모 경
력 8년 차. 절대 쉽지 않은 시간이었다. 아이의 꿈이 어른들에 의해 영
문도 모른 채 상처받고, 생채기가 난 줄도 모르고 그저 야구선수가 되
겠다는 목표를 향해 가는 모습을 보고 있자니 어른으로서 답답하고
화가 났다. 직접 경험하며 느낀 현재의 엘리트 선수 양성 시스템에 아
이를 맡기는 일은 부모로서 우려와 실망을 떨칠 수 없게 했다. 그런데

어느 날 문득 아이를 바라보니, 아이는 오히려 나보다 훨씬 강한 멘탈을 지니고 있었고, 그 태도에서 많은 깨달음을 얻을 수 있었다.

8년 차 운동선수 부모로서 지켜본 결과, 선수로서의 경쟁력에 있어 매우 중요한 요소가 간과되고 있었다. 경기 성과를 위한 기술적 부분은 지도자와 아이의 몫이다. 그러나 경기력을 뒷받침하는 강한 멘탈의 일부는 가정에서의 지원이 필요하다. 스스로의 힘으로 문제를 해결하고 극복하는 과정이 강한 마음의 밑거름이 되며, 이런 환경을 만들어주는 것은 일정 부분 부모의 역할이었다.

프로선수가 아닌 학교 시스템에서 학생들의 멘탈 관리까지 기대하기에 내 아이의 소중한 시간은 기다려 주지 않기 때문이다. 부모로서 내 아이에게 "야구보다 더 넓은 세상"을 볼 수 있는 눈을 선물하고 싶었고, 그러기 위해서는 내가 그런 사람이 되어야겠다고 다짐했다. 그래서 운동선수 부모이자 운동선수들과 그들의 부모님을 위한 멘탈 코치의 삶이 시작된 셈이다.

멘탈게임이 필요한 순간

2. 멘탈코칭은 운동선수들에게만 필요한 것이 아니다.

"아이를 위해 어디까지 참아야 하는가?"에 대해 심각하게 고민하던 시기가 있었다. 아이를 위해 참아야 한다고 했다. 현실 감각이 부족하다고 여겨졌는지 모르겠지만, 최소한 내 상식으로는 이해되지 않는 사안들에 대해 단순한 질문을 던졌을 뿐인데, 이를 불편해하는 사람들이 있었다.

나는 질문을 통해 아이들을 가르치는 선생님이자 질문으로 사람들의 마음을 움직이는 코치다. 그런데 정작 내가 던진 질문이 나와 내 아이를 힘든 상황으로 몰아갈 줄은 미처 몰랐다. 질문 자체가 누군가를 불편하게 한다는 것을 알았을 때 아이를 당장 그곳에서 데리고 나오고 싶었다. 부모인 나의 멘탈이 무너지고 삶이 흔들리는 지경에 이르렀을 때도, 아이는 흔들림 없이 자신의 자리에서 최선을 다하고 있었다. 운동선수 부모로서 내가 지금보다 더 강해져야 한다고 생각했다.

짧게는 6년, 길게는 10년이라는 시간 동안 운동선수 자녀를 뒷바라지하다 보면 부모의 온전한 삶이 무너져버리는 경우가 많다. 바로 이 모습이 부모의 멘탈이 약해진 결과라고 생각했다. 부모의 강한 멘탈을 위해 부모 자신의 삶도 함께 돌봐야 한다. 부모가 강한 멘탈을 유지해야만 아이도 안정된 환경에서 건강하게 성장할 수 있다. 운동선수 부모를 위한 멘탈코칭은 아이의 운동 성과를 두고 일어나는 다양한 감정을 관리하고, 아이의 경기력 향상에 도움이 되는 긍정적인 태도를 유지하는 데 도움을 준다.

3. 모든 사람에게 멘탈코칭이 필요한 이유

멘탈코칭은 단지 운동선수와 그들의 부모뿐만 아니라 모든 사람에게 필요하다. 현대 사회는 빠르게 변화하고 있으며, 많은 사람이 다양한 스트레스와 압박에 시달리고 있다. 이러한 상황에서 멘탈코칭은 개인이 자신의 삶을 더 나은 방향으로 이끌어 가기 위해 현재 자신의 상태를 정확히 바라보고 원하는 것을 성취하는 데 필요한 도구와 전략을 스스로 찾아 행동하도록 돕는다.

개인의 자기 인식과 자기 수용을 높여주며, 목표 설정과 성취에 필요한 동기 부여를 일으킨다. 또한 스트레스 관리와 감정 조절 기술을 통해 개인이 더 건강하고 행복한 삶을 살 수 있도록 도와준다. 긍정적이고 자신감 있는 삶을 살 수 있으며, 이를 통해 주변 사람들에게도 긍정적인 영향을 미칠 수 있다.

4. 교육에 코칭을 더해
함께 성장하는 삶을 디자인한다.

내가 운영하는 블로그 제목이다. 3년째 꾸준히 기록하는 삶을 실천 중이다. 1일 1 포스팅 챌린지를 하기도 했었고, 100개의 퍼스널 브랜딩 글쓰기를 완주하기도 했다. 100일 동안 100개였으면 좋았겠지만, 기록을 위한 기록이 아닌 성장을 위한 기록이었기 때문에 나만의 속도와 방향을 지키는 것이 목적이었다.

100일의 브랜딩 글쓰기를 하던 도중에 스포츠 멘탈코칭 전문가 과정이 시작되었고, 배움의 과정에서 코칭의 방식을 접하고 보니, 지난 시간 내가 해왔던 무수히 많은 경험이 필요 없음의 상태에서 필요 있음의 상태로 변하기 시작했다.

"교육의 미래, 티칭이 아니라 코칭이다", 폴 김 교수님의 책에서 시작된 코칭을 향한 방향성이 나를 이곳으로 이끌었다. 하지만 고객이 있어야 내가 존재하기 때문에 "교육에 코칭을 더하다"로 브랜딩하기로 했다. 교육에 코칭을 더한다는 것의 의미는 지식을 전달하는 것을 넘어 자기 안에 잠자고 있는 잠재력을 스스로 찾아내어 스스로 행동하고 책임질 수 있도록 돕는 접근법이다. 궁극적으로 학습자의 전인적 성장을 촉진하는 데 큰 도움을 준다. MCCI의 스포츠 멘탈코칭 전문가 과정에서 교육에 코칭을 더하는 일의 본보기를 체험한 것 같다.

티칭에 코칭을 더하는 일의 핵심은 코치와 피코치, 교사와 학생, 부모와 자녀의 관계에서 사람은 누구에게나 잠재적인 가능성이 있음을 전제로 주고받는 대화를 통해 함께 성장하는 시간으로 채워가는 것이다. 거기에 '멘탈'이 더해져 즉각적인 알아차림을 경험하고 스스로 자신감을 찾아 동기를 부여하며, 필요한 자원을 활용해 성공과 실패로부터 배울 수 있도록 지원한다.

부모의 온전한 삶, 궁극적으로는 그들의 자녀를 위해 부모 코칭을 강조하고 싶다. 교육에 코칭을 더하는 일은 부모가 자녀에게 적절한 지지와 격려를 제공할 수 있게 하며, 가정 안에서도 안정적인 환경을 조성할 수 있도록 돕기 때문이다.

'같이'의 가치가 실현되는 무대

5. 마음을 움직여 변화를 끌어내는 코칭

교육에 코칭을 더하는 시도, 멘탈코칭으로 셀프 토킹의 질을 높이는 방법을 통해 작지만 유의미한 성과들을 경험했다. 실습 과정에서 만난 체육고등학교 1학년 수영 선수는 어느 날 갑자기 수영이 제대로 되지 않음을 느꼈고, 기록도 나오지 않아 불안한 상태에서 나를 만났다.

3번의 코칭을 통해 스스로 자신의 상황을 있는 그대로 바라보고, 지금 자신이 할 수 있는 것들에 집중하면서 여러 가지 가설(요인)들을 정리해 나가기 시작했다. 늘 하던 방식대로 기술 훈련에 집중하는 것보다 전혀 다른 방식으로의 접근이 불러온 성과는 매우 훌륭했다.

멘탈코칭을 통해 점차 자신감을 회복하고 전년도 최고 기록을 되찾았으며 다음 대회에서 더 좋은 기록을 기대할 수 있는 상태로 변했다. 부모님으로부터 감사하다는 인사를 받았다. 이 대회를 기점으로 같은 종목 다른 주종 선수의 멘탈코칭으로 이어졌고, 훈련에 집중하는 선수들과 함께하는 시간이 참 즐겁다.

수영선수 멘탈코칭 – 자신감을 회복하는 과정

미세한 몸의 변화를 느낄 줄 아는 운동선수들에게 직접 경험하고 관찰하게 하는 것은 스스로 잠재된 능력을 깨우는 데 최고의 방법이었다. 자신감이 바닥이었던 고등학생 선수가 저항 없이 있는 그대로 자신의 상태를 바라보고 충분히 느껴 볼 수 있는 환경을 만들어 주고, 충분히 기다려 주었다. 선수들이 코칭 세션 동안 집 같은 편안한 환경에서 충분하게 자신과의 대화를 이어 나갔으면 하는 마음을 담아 코칭 장소를 준비한다. 운동선수 부모이자 멘탈 코치로서 내가 가진 탁월함이 아닐까?

나의 선한 영향력이 아이에게도 닿아, 나보다 더 멋진 어른이 아이 곁에서 함께해 주길 바라는 간절한 마음을 품었다. 그 결과, 좋은 코치님을 만나 야구 인생의 터닝포인트를 맞은 아이는 지금 즐겁게 훈련에 집중하고 있다. 그래서 지금 나와 함께 하는 선수들에게 온 마음을 다하는 중이다.

6. 나의 변화로 타인이 변화되는 성장 스토리

내가 좋아하는 일이, 잘하는 일이 되어 세상에 영향을 미칠 수 있다고 확신한다. 코칭을 통해 선수들뿐만 아니라, 자신의 삶이 버겁다 느끼는 지인들에게도 긍정적인 영향을 미쳤다. '멘탈'이라는 키워드가 '나'라는 필터를 거쳐 사람들에게 긍정적인 영향을 미치는 일에 주저하지 않을 생각이다. 어린 학생 선수들의 경우 단순히 경기력을 향상시키는 것에 그치지 않고, 자기 삶의 중심축을 세워 더 넓은 세상을 보도록 돕고 싶다. 그뿐만 아니라 그들의 부모들이 아이들의 삶에서 한 발짝 물러나 당신들의 온전한 삶에 집중하도록 격려하고 싶다.

멘탈코칭의 중요성을 널리 알리고, 이를 체계적으로 경험할 수 있는 '교육에 멘탈코칭을 더하는 일'을 개발하고 더 많은 사람이 멘탈 코칭의 혜택을 누릴 수 있게 할 생각이다. 15년 넘게 사교육 현장에서 수많은 학생과 부모님을 상대하면서 느꼈던 갈증을 코칭의 방식으로 해결하고 싶다. 어린 학생 선수들과 부모님들의 애씀과 간절함을 너무나 잘 알기에 그들에게 도움이 되는 코치로서 존재하고 싶다.

나아가, 글로벌 수준의 멘탈코칭 전문가로 성장하여 전 세계의 다양한 사람들과 함께 멘탈의 힘을 나누는 원대한 꿈을 꾸어본다. 다양한 문화와 배경을 가진 사람들과의 교류를 통해 더 넓은 시각을 갖추고 글로벌한 멘탈코칭 전문가로 성공하고 싶다.

7. 나를 위한 성장은 가족이 있었기에 가능한 일

개혁이 아니라 개선을 바랐지만, 그 또한 내 아이의 시간을 멈추게 할 수 없었고, 내 아이의 멘탈은 내가 지키자는 생각 끝에 스포츠 멘탈코칭 전문가 과정을 시작했다. 아이를 위한 시작인 것처럼 보였지만, 나를 위한 투자였고 가족들의 응원과 격려 덕분에 가능했다.

나의 변화는 내 가족들에게 큰 영향을 준 것 같다. 아이들은 몰입하는 나의 바쁜 일상 속 뒷모습을 보며 자신들에게 필요한 것들을 스스로 배우고 책임지는 연습을 하고 있었다. 남편과 나 그리고 세 아이들은 지난 6개월 동안 각자의 자리에서 최선을 다했다.

함께 하는 물리적 시간은 많이 부족했지만, 뉴질랜드 캠핑카 여행에서 함께 했던 시간이 서로를 응원하고 지지하는 데 큰 도움이 된 것 같다. 그래서 남편과 아이들에 대한 고마운 마음을 이 글을 통해 다시 한번 전하고 싶다.

내 열정과 에너지의 원천인 가족

　운동선수 부모이자 운동선수들을 위한 멘탈 코치로서 내 아이를 위한 궁극적 목표는, 글러브와 배트를 내려놓고 싶어지는 순간이 왔을 때 지나온 시간을 아까워하지 않고, 더 큰 세상을 위해 속도보다 방향을 제시할 수 있는 코치다운 부모가 되는 것이다. 운동선수 부모로서 힘들다고 울부짖었던 지난 8년의 세월을 나와 아이가 동반 성장하는 시간으로 재해석하려 한다. 그 시간이 있었기에 간절한 마음이 담긴 진정성 있는 나만의 메시지가 탄생한 것이 아닐까 한다.

이랑서 코치

1. 배우(영화/드라마/뮤지컬 등)
2. 아봐타®마스터 Avatar ®Master

mandilee721@gmail.com

1. 의식계발하는 배우, '멘탈'을 향해 새로운 다리를 놓다.

멘탈코칭 전문가 과정을 밟기 전, 그리고 현재에도 나는 배우 활동을 하고, 또 의식계발 프로그램인 아봐타코스®를 하면서 인간의 내면, 의식에 대해 많은 관심을 가지고 지내 온 편인 것 같다. 그러다 보니 개인적으로 의식탐사의 재미와 가치, 그리고 그 효과를 여실히(?) 체감하며 지내왔는데, 때로는 우리가 내면의 힘의 중요성을 잘 알지만 쉽게 접근하지 못하거나 낯설어한다거나, 내면을 다루는 것 자체에 대해 왜곡된 시선으로 바라볼 때도 있다는 것을 느끼기도 했다.

사실 우리는 모두 '정신력', '내면의 힘', '집중력', '끈기', '회복탄력성', '긍정적인 태도' 등등…. 그것을 뭐라고 부르든 제각기 그 '멘탈'의 중요성과 가치를 잘 알고 있다. '당신에게 멘탈이라는 것이 얼마나 중요합니까?'라고 물었을 때 대부분의 사람이 10점 만점에 8점 이상이라고 답할 정도로 말이다. 그런데 '그것을 위해 어떤 노력, 혹은 투자, 공부나 훈련을 하고 있나요?'라고 물으면 많은 사람이 '딱히....'라고 답한다. 나는 이 것이 우리가 부족하거나 잘못됐다는 것을 보여준다기보다는 '멘탈'과 우리들을 이어주는 친근하면서도 효과적인 다리들이 아직까지 더 많이 놓여야 할 필요성이 있다는 것을 보여준다고 생각했다. 멘탈코칭 전문가 과정이라는 이 멋진 여정을 지나오면서, 이 '멘탈코칭'이 그 부재했던 하나의 다리이자 훌륭한 윤활제가 될 수 있다는 생각을 많이 했다.

야구팀 감독님과 사전 인터뷰를 하는 이랑서 코치,
그리고 13기 멘탈코칭 전문가 과정 동기 코치님들

배우로 활동하던 내가 갑자기 멘탈코칭 전문가 과정에 합류하게 된 배경에는, 배우로 활동하면서도 어딘가 충족되지 않았던 부분이 되레 원동 력이 된 건 아니었을까 생각한다. 나는 내가 시간과 에너지를 쓰는 일이 내가 '잘 할 수 있는 일'인 것은 물론이고, 그에 더해 스스로 가치 있다고 느끼는 일이기를, 또 그 일이 나 혼자 잘났다고 자랑하는 일이기보다는 다른 누군가에게도 보탬이 될 수 있는 일이라면 좋겠다는 소망이 있었다.

그리고 만약 나 스스로, 그리고 자신의 의식탐사를 공부해 온 것이 누군가에게 보탬이 될 수 있는 하나의 재능이 될 수 있다면, 이 영역에 서도 다양한 도구들을 배워 실력을 갈고닦아 성장하며 성과를 내고 싶었다. 뜻하지 않았지만, 개인적으로 더 설레었던 것이 있다면 바로 배우들을 위한 멘탈코칭이다.

배우라는 직업이야말로 '멘탈'에 따라 너무나 많은 것들이 변화될 수 있는 일이기에 더더욱 그러한 것 같다. 이 부분에 대한 기대와 아이디어는 뒤에 다시 언급해보도록 하겠다.

(좌) 동기 코치님들이 하나의 그림으로 표현해준 이랑서 코치의 모습
(우) 멘탈코칭 전문가 과정 수료증을 받은 이랑서 코치의 기념사진

2. 새로운 '도구'의 시대

멘탈코칭을 하게 되면, 특별히 개발되는 능력들이 있다. 나열하자면 너무 많을 테니 개인적으로 감명 깊었던 부분들에 대해서 조금 언급을 해보려 한다. 개인의 삶에서 어떤 어려움들은 정말로 당사자가 그것을 해결해낼 능력이 없는 경우보다도 어떠한 인상이나 감정, 급하게 내려진 판단으로 인해 꽉 막힌 듯 보이기도 하는 것 같다. 이러한

점을 봤을 때 우리가 개발할 가치가 있는 능력 중의 하나가 무언가를 '있는 그대로 잘 살펴보는' 능력인데, 멘탈코칭은 그 능력을 개발하기에 적합한 도구들을 제공한다.

또 하나의 장점은, 간단하기 때문에 학습 및 흡수가 빠르고, 그렇기에 실생활 적용 또한 용이하다는 것이다. 나 또한 감성적인 영역이 많이 발달 되어 있는 만큼 위와 같은 능력과의 균형이 굉장히 중요할 때가 있는데, 멘탈코칭의 심플하면서도 적합한 도구들을 배우고 적용해보면서 감정이나 부정적인 판단을 더 빠르게 정돈해내는 결과를 얻을 수 있게 되었다. 통제할 수 없는 것에 대한 자각과 수용, 할 수 있는 것에 대한 인지와 집행 속도가 빨라졌다고도 할 수 있겠다.

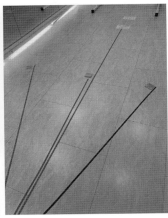

스스로를 멘탈코칭하게 된 이랑서 코치의
실제 '셀프멘탈코칭(self-mental coaching)' 장면

어떻게 보면…. MBTI가 늘 'F'로 나오곤 하는 나임에도, 멘탈코칭 덕에 이로운 'T'력(?)이 상승했다고나 할까. 아무튼 나 스스로 의도적인 상태 전환 속도가 더욱 '빨라졌다'라는 것. 또한, 멘탈코칭은 '없는

것을 교육'하는 것이 아니라, 그 사람에게 '이미 탑재된 능력'을 함께 발견하여 그것에 에너지를 쓸 수 있도록 한다. 가려진 것은 거두고 가능한 것들을 강화할 수 있도록 하는 것이기에, 없는 것과 문제가 되는 것에 집중하는 접근법보다 훨씬 '현실적'이라는 의견이다.

셀프코칭을 할 수 있게 된 것 또한 굉장한 이득이다. 멘탈코칭을 그야말로 '자기 자신과의 질 좋은 대화'라고 소개하기도 하는데, 자기 자신과 깊고 정확한 대화를 할 수 있다는 것은 정답은 없으나 자기 자신만의 진리가 있는 '삶'을 살아가는 데에 있어서 굉장한 무기라고 할 수 있다. 인류의 독특하고 강력한 특징 중 하나가 바로 '도구'를 활용하는 것이라고 하지 않는가. 나는 개인적으로 우리 인류가 이제는 '물리적인 도구'의 활용을 넘어서 정신과 영혼, 혹은 마음, 의식이나 멘탈이라고 부르는 ― 보이지 않지만 보이는 모든 것들을 만들어 내는 ― 강력한 '내면의 요소들을 탐사하고 활용하고 개발하는 도구'들을 활용하는 시대에 들어섰으며, 그것이 매우 희망적이라고 느낀다.

3. 심장을 내어주는 위치에서 느끼는 감동

반년이라는 시간이 짧게 느껴지는 것은 우리 기수를 매달 만나는 일이 '벌써 끝나간다'라는 생각할 때이고, 반대로 반년이라는 시간이 길게 느껴지는 것은 그 시간 동안 만난 멋진 사람들, '자기 자신과 깊게 대화하는 여러 사람의 모습들'을 떠올릴 때인 거 같다.

불면증과 같은 상황에 전체 일상에 영향을 받다가 '저 어제는 바로 잠들었어요!'하며 카톡을 보내오신 분, 어쩌면 평생 해 나가야 할 화두인 '나를 알고 싶어요'라는 소망으로 내게 말을 걸어오시더니 '이제 좀 알 거 같다'라며 표정을 밝히시던 분, 코칭을 시작한 지 한 시간이 채 되지 않은 시점에 '오래 잃어버렸던 꿈을 다시 꾸게 된 느낌'이라며 눈을 빛내시던 분, 어쩌면 돈을 벌려고 하기 전에 '돈과의 화해'를 먼저 해야겠다며 눈물을 훔치시던 분….

진짜 자신에게 뭘 한 거냐며 갑자기 '관점이 바뀌어서 이 주제가 더 이상 문제처럼 여겨지지 않는다'라며 남이 아니라 내가 중요하다는 게 너무 느껴진다던 분, 생각만 했지, 실제 자신의 목표로 삼을 수는 없다고 여겼던 '진짜 꿈을 발견하고 실제로 행동에 옮겨 추구하게 된'분, 목표는 있으나 자꾸 게을러지는 게 고민이었는데, 코칭 후에는 '정말로 원하는 것을 이룬 다음, 나중에 놀면 되겠어요'라며 배시시 웃던 분…

선수로서 삶의 시간을 함께 시각화하여 돌아보고 있는 역도 선수와 이랑서 코치

다시 생각해도 숙연해질 정도로 아름다운 자기 발견의 과정들을 함께 할 수 있었던 것이 참 감사하다. 더욱 감사한 건 이것이 끝이 아니라 시작이라는 점이다. 누군가의 변화를 함께하는 일뿐만 아니라 나 자신의 성장도 마찬가지이다. 코칭을 하러 가기 전은 물론이고, 오디션을 준비할 때, 잠을 잘 때, 수업을 들을 때, 아르바이트할 때도 코칭에서 경험한 것들을 활용한다.

레슬링 선수의 화두에 대해 멘탈코칭을 하고 있는 이랑서 코치

　내가 변화를 경험하니 자연스레 애인과의 관계에서도 변화가 생겼다. 어떤 상황에서도 '내가, 우리가 지금 진짜로 원하는 것은 뭐지?'라는 질문을 할 수 있는 힘과 지혜가 생겼다는 것. 나뿐만이 아니라 애인도 함께 그 질문을 하게 되었다는 것. 별거 아닌 거 같지만 '실전(?)'에서는 굉장히 어려운 일이다. 다툼이 일어나는, 감정이 현실이 돼버리는 그러한 순간들에 의지를 끌어모아 '내가 지금 진짜로 원하는 것은?'이라고 묻는 일은 굉장히 '분위기 깨는 일' 일 수 있다.

　그렇지만 그렇게 '질문을 하는 힘'은 무언가 엇나간 것들을 제자리로 돌아오도록 하는 힘까지도 마련해주는 것 같다. 코칭을 하다 보면 나는 고객의 오른편에 서서 나의 심장을 내어주는 위치에서 함께 할 때가 있는데, 코칭을 받는 분이 스스로 진정으로 원하는 것을 생각하고 말하고 느끼고 보고 들을 때 그들이 느끼는 '전율'을 함께 느끼기도 한다.

　나의 가장 중요한 심장을 상대방에게 내어줄 정도로 헌신하는 역할이 코치라는 사실을 듣고 "아, 코칭이 그냥 코칭이 아니구나. 엄청 소중하고 존중과 사랑이 넘치는 순간이구나!"를 느낄 수 있었다. 이런 순간들이 가치 있는 순간이 아닐 수가 있을까. 누군가 스스로를 탐구하다가 감동하고 기뻐하고 만족감을 느끼는 것을 함께 목격, 경험한다는 것은 언제 생각해도 참 영광스럽다.

바닥에 시간 선을 그려 멘탈코칭의 사전 준비를 하는 이랑서 코치

4. 배우들과 멘탈코칭이 만나면

이렇게 감사하고 아름다운 이야기들에도 불구하고, 멘탈코칭을 배우고 바로 실습에 적용하고, 정말 삶에서 멘탈코치로 누군가를 만나 코칭을 해온 기간의 모든 순간이 늘 수월하고 즐겁기만 한 것은 아니었다. 누군가가 자신의 삶을 들여다보는 시간을 내가 책임진다는 생각이 들면 부담감에 가슴이 무거워지기도 했고, 알 수 없는 타인의 삶을 감히 짐작해 보려다가 머리가 아파지기도 했었으며, 고객보다 내 욕심이 앞서 과도하게 준비하다 숨이 차기도 했었다. 그런데도 나는 왜 계속 이 방향으로 걸어가려고 할까?

동기 코치님들과 함께 야구선수들을 그룹코칭하던 중 포착된 이랑서 코치

　그 솔직한 답은 '잘 모르겠다.'이지만, 아마도 나는 누군가가 스스로의 힘을 발견하도록 지원하는 일이야말로 '진정한 도움'이라고 여기기 때문일 것이고, 그것을 해내는 과정에서, 그리고 해냈을 때 나 또한 '함께 성장'한다는 것을 알고 또 그것이 내게도 '득'이라는 것을 잘 알기 때문일 것이고, 뭔가를 할 것이냐 말 것이냐를 '힘이 드느냐 아니냐'로 결정하기보다는 그것을 '정말로 해내고 싶냐 아니냐?'로 결정하는 삶을 살고 싶은 욕심이 있기 때문으로 추측해본다.

　또한, 코칭의 준비 시간이나 실습 시간이 어렵든 수월하든 늘 같았던 건, 끝나고 난 후에 흠뻑 몰려들곤 하는 감사함, 그리고 어떤 것을 구매해서 얻는 기쁨이나 누군가와의 경쟁에서 이겨 쟁취했을 때와는 비교하기 어려운 다른 종류의 만족감이 있었다는 점이다.

　그렇게 코칭이라는 시간을 지나 나 또한 나 스스로의 부담감, 욕심, 과오(?)를 내려놓고 나면 늘 좋은 것들이 펼쳐지곤 했던 것 같다. 이러한 멘탈코칭을 배우들에게 소개하고 싶다는 소망을 글 머리에 잠깐 언급했었듯이, 국내외 아티스트들의 창의력과 잠재력을 끌어내는 데 기여하는, 즐거운, 멘탈코칭을 제공하는 코치로써의 활동에 인연이 닿는다면 꽤나 보람차고 설렐 것 같다.

그 이유는 나열하자면 너무나 길어지지만, 한 가지만 예를 들어보려고 한다.어디까지나 개인적 관점이지만 배우로 활동하다 보니 느꼈던 것 중의 하나는, 우리 배우들이 빠지기 쉬운 맹점 중 하나가 바로 '자기 자신만 보게 되기가 쉽다'라는 것이었다. 즉 자신이 몸담은 분야나 여러 이해관계에 관해 연구하거나 배울 기회를 많이 접하지 못하고 자신의 실력이나 외모 등만 파고들기가 쉽다는 것이었다.

멘탈코칭은 이러한 상황에서 시야를 넓혀 지금의 자기 자신뿐만 아니라 과거의 자신, 먼 미래의 자신까지도 보고 느낄 수 있도록 이끌고, 그뿐만 아니라 다른 사람들의 삶이나 입장, 시장에 대한 이해까지도 시야를 넓힐 수 있도록 이끌 수 있는 도구이기 때문에 배우들과 멘탈코칭의 만남은 꽤나 의미있는 변화를 가져오지 않을까 싶다.

(좌) 연기입시학원에서 배우지망생들을 대상으로 그룹코칭을 하고 있는 이랑서 코치
(우) 박철수 MCCI 대표코치님의 시연을 받고있는 이랑서 코치

5. '득템(item)'!

멘탈코칭 전문가 과정을 들은 것은 내게 '삶을 반짝이게 할 또 하나의 아이템을 장착한 것'과 같다. 또한 내게 멘탈코칭은 '나 자신과 주변 사람들을 눈에 띄게 빠르게, 지금 당장 돕는 방법'이다. 또한 내면

의 힘에 대한 중요성과 의식, 영성의 길에 대한 가치가 부상하는 시대에 이 도구를 만난 것은 경쟁력도 비전도 있다는 뜻이기에 더욱이 의미 있게 다가온다.

그러한 멘탈코칭을 전문가 과정을 통해 꾸준히 실습하고 적용하다니, '득템'! 이라고나 할까? 삶을 살아가는 데 있어서, 평생의 파트너인 나 자신과 소통할 수 있는 효과적인 도구를 또 하나 '겟(get)'한 기분이다. 멘탈코칭이라는 무기까지 장착하게 된 나는 참 행운아이면서 또 부자가 아닌가 생각한다.

6. '예술가(astist)의 연필' 같은 코치가 되고 싶다.

우리나라 배우(모든 예술인, artist)들, 그리고 청년 리더(CEO)들이 이 멘탈코칭이라는 도구를 자기 탐구에 활용하여 점차 더욱 주체적인 활동을 해 나갈 수 있도록 다리를 놓는 것이 나의 소망이자 멘탈코치로서의 꿈이라고 할 수 있겠다.

또한, 한번 썼다가 얼마든지 수정, 보완할 수 있는 '연필'같은 코치가 되면 어떨까? 생각이 든다. 자신을 내세우기보다는 고객이, 스스로에 의해, 스스로에 관한 이야기를 써나갈 때 아주 요긴하게 활용되는.

13기 동료 코치님들을 처음 만나 인사하는 시간을 갖던 중 밝게 웃는 이랑서 코치

7. 반년간의 여정을 돌아보며

　13기 과정이 마무리되어가는 지금, 나는 과거의 내가 멘탈코칭 전문가 과정을 선택한 것이 기쁘다. 특히 함께한 동기 코치님들의 탁월성들을 매달 체험하고 목격하면서 정말 생생한 삶의 현장에서 많이 배우고 영감을 받았다. 그동안 늘 나와 같은 것에서 가치와 보람을, 재미를 느끼는 동료들이 많으면 좋겠다는 마음이 컸는데, 그런 의미에서 우리 13기분들을 처음 만났을 때 굉장히 놀랐고 기뻤다. 그곳에 모인 모두가 '누군가에게 도움이 되는 일에서 가치와 보람, 그리고 재미를 느낀다는 것', 그리고 그것을 '절실하게 원한다'라는 공통점으로 이어진 사람들이었기 때문. 나는 13기 코치님들이 자랑스럽고, 그들과 함께했음 또한 자랑스럽다.

(좌) 사이클 선수 윤OO님과 첫 번째 멘탈코칭 실습을 마친 양덕모 코치와 이랑서 코치
(우) 13기 동료 권순희 코치님과 기쁨의 순간을 즐기는 이랑서 코치

이미숙코치

멘탈코치
영어논술전문가
윙윙아카데미 영어교습소 운영
mslee140@naver.com

1. 무한한 가능성을 열어 준 고마운 존재

　　멘탈코칭은 나에게 있어 나의 과거와 미래를 이어주는 다리이자 무한한 가능성을 열어 준 고마운 존재이다. 삶은 배움이라고 생각하며 꾸준히 자기계발을 하며 지내왔다. 나이 40에 결혼해 육아하며 새로운 상황과 환경을 맞닥뜨리니 육아와 나의 삶의 균형을 잡기가 어려웠다. 그런데도 내가 행복해야 아이가 행복하고, 아이의 미래를 위해서 엄마가 공부를 많이 해야 한다는 생각이 있었기에 자기계발을

놓을 수가 없었다. 게다가 영어 교습소 오픈까지 한 상태에서 우연히 멘탈코치 과정을 소개받게 되었다. 이미 벌여놓은 일이 많아 시간이 부족한 상태에서도 이 과정에 대해 호기심이 드는 것은 막을 수가 없었다. "국가대표 멘탈코치라면 과연 어떤 멘탈을 소유하고 있을까? 나도 그런 멘탈을 장착한다면 이 모든 상황을 지혜롭게 이겨내고 남도 도울 수 있는 강철멘탈로 거듭날 수 있을까? 그 비밀을 알고 싶다."

다른 강의와 겹친 시간이라 고민을 많이 했지만, 채널을 멘탈코칭에 고정하고 집중해서 들었다. 천비키 코치님의 파란만장한 삶의 스토리와 그것을 이겨내고 국가대표 선수들에게 멘탈코칭까지하는 그녀의 행보는 너무나 대단했고 그 비밀이 더 궁금해졌다. 20대에 엄마를 간호하던 시절이 생각났고 그때 멘탈의 힘이 얼마나 중요한지 느꼈는데 어쩌면 내가 그동안 알고 싶었던 것이 바로 이게 아닌가 하는 생각이 들었다. 많은 고민 끝에 난 멘탈코칭전문가 과정에 참여하기로 결단했다.

6개월간의 여정에서 궁금했던 질문들에 대한 해답을 찾았고 나도 필요할 때면 꺼내 쓸 수 있는 삶의 든든한 무기를 장착한 것 같다. 멘탈코칭이라는 것이 어느 특정한 상황이나 사람들에게만 필요한 것이 아니라, 누구나 이것을 통해 무한한 가능성을 펼칠 수 있다는 것이 멘탈코칭의 가장 큰 매력으로 다가왔다. 앞으로 나의 삶과 이것을 필요로 하는 많은 이들의 삶에 있을 변화들을 생각하면 가슴 떨리고 기대가 된다.

2. 경청과 질문을 잘하는 코치가 되고 싶다.

질문의 힘은 대단하다. 한창 꿈 많은 20대에 공부했던 심리학에 한계를 느끼고 비행기 승무원을 꿈꾸며 면접을 열심히 준비했다. 비록 4

차 면접에서 합격하지는 못했지만, 면접을 준비하던 기간이 내 인생에서 매우 특별한 순간이었다. 왜냐면 어떤 질문이 나올지 모르는 면접에서 주저함이 없이 대답하기 위해 나에 대해 끊임없이 질문을 던지고 대답하는 것을 반복하며 내가 누구인지에 대해 알아가는 것이 너무 흥미로웠기 때문이다. 그때 꼭 승무원이 되지 않더라도 내 인생에서 중요한 것을 배웠고 내 멘탈이 참 강하다고 느꼈던 기억이 난다.

그리고 또 하나는 엄마가 암투병을 하시던 2년간 엄마를 살리고야 말겠다는 간절함으로 간호를 도맡아하며 삶과 죽음, 나와 인생에 관한 질문을 스스로에게 많이 던졌었다. 사랑하는 어머니의 고통을 지켜봐야 하는 어려운 시기였지만 내면이 강해지고 어머니를 잃은 후에도 삶을 긍정적으로 받아들이는 나 자신을 발견하게 되었다. 멘탈코칭을 배우며 알게 된 사실은 멘탈이 강한 사람은 자신과의 대화의 질이 좋은 사람이라는 것이다.

육아와 일을 병행하며 시간에 쫓길 때 '20대 때의 멘탈을 가진다면 일의 효율도 높아지고 훨씬 더 긍정적으로 될 텐데….'하는 생각을 할 때가 있었는데 그 비밀이 질문의 힘에 있었던 것이다.

지금처럼 바쁜 사회에서 스스로에게 양질의 질문을 하기란 쉽지 않다. 질문을 통해 생각을 열어 주고 스스로 보지 못했던 자신의 다양한 면들을 전체적으로 볼 수 있게 하며 뚜렷한 목표를 잡고 그것을 실행할 수 있도록 돕는 것이 멘탈코치의 역할이다.

한 명 한 명 멘탈코칭을 할 때마다 마치 그 사람의 인생을 함께 여행하는 것과 같은 기분이 든다. 질문을 통해 자신도 알지 못했던 자신의 모습을 발견하는 벅찬 마음을 함께 느끼고 그 여정의 해피엔딩을 염원하는 마음으로 마무리를 한다. 나비효과처럼 작은 질문 하나로 인해 마음속에 동요가 생기고 삶에 변화가 생긴다면 그로 인해 일어날 변화는 얼마나 커질지 알 수가 없으니 책임감을 항상 가지고 해 나가고 싶다.

3. MCCI 멘탈코칭이 좋은 이유

아들러 심리학을 기반으로 한 인간 존중을 실제로 실현할 수 있는 프로세스와 도구를 제공해 주고 있다. 스포츠 멘탈 본연의 자세가 크게 와 닿았는데, 내용은 이렇다.

> ① 인간은 한 사람 한 사람 다른 존재이다. 달라서 좋다.
> ② 인간은 본래부터 도전을 좋아한다. 더 도전하는 것이 멋지다.
> ③ 인간은 본래부터 창의적인 존재이다. 늘 새로워지는 존재다.
> ④ 미래는 언제부터라도 만들어 갈 수 있다. 의도가 시작이다.
> ⑤ 인간의 성장 잠재력은 무한대이다. 내가 아는 그 이상이다.
> ⑥ 다름은 시너지를 만든다. 다르기에 아름답다.

다름을 인정하고, 도전할 수 있게 하고, 창의성을 촉진하며, 의도를 세워 미래를 만들어 가도록 돕고, 성장 잠재력을 믿어주며, 다름이 만나서 불화가 아닌 화합을 만들어 내는 아름다운 장면들이 펼쳐지는 곳이다.

보통의 심리상담처럼 현재에 영향을 미치는 과거의 경험으로 돌아가 불편한 장면을 꼭 마주하지 않아도 미래 지향적인 방법으로도 근본적 문제 해결이 가능하다는 것을 느꼈고, 문제를 인지하고 내면의 대화를 통해 고쳐나가다 보면 어떤 경험이 지속적으로 영향을 미치는지 깨우치게 되고 그것에서 해방되는 느낌을 스스로 가질 수 있다는 것이 깨달아졌다.

또 한가지의 큰 매력은 학습할 때 이론보다는 실습을 먼저 하여 머리로 학습하는 것이 아니라 몸이 학습하게 촉진하였다. 대니얼 코일의 『탈런트 코드』에서 언급하고 있는 잠재력을 폭발시키는 학습법인 심층학습이 여기서는 깊은 물 전략 학습법으로 진행되었다.

얕은 물에서 수영 연습을 한다면 그건 편안한 학습일것이고, 깊은 물에 들어가 수영 연습을 한다면 아마도 무척 불편하고 두려운 학습을 하게 될 것인데, 이렇게 불편한 장면에 들어가지 않으면 숨어있는 잠재력을 끄집어낼 수 없다는 것이다. 난 지난 6개월 동안 그것을 이론이 아니라 몸으로 체험하면서 깨달았다.

수영 선수, 복싱 선수, 핸드볼 선수, 야구 선수 등 현재 운동을 하고 있는 선수들의 고민을 듣고 성과를 내기 위한 전략을 수립하고 배운 기술들을 활용해 바로 실전에 투입된 경험은 평생을 두고 잊지 못할 것이다.

데모 코칭

선수 대상 코칭 실습

처음엔 준비가 안 된 것 같아 긴장이 많이 되고 걱정도 되었지만, 차근차근 프로세스를 따랐을 때 선수들의 반응은 놀라웠다. 코치는 질문만 했을 뿐인데 선수들이 스스로 해결점을 찾고 기뻐하며 열정에 불타는 눈빛으로 변화가 되는 것이었다. 멘탈코치로서 선수들의 상태 변화를 지켜보는 것은 매우 신선한 자극이 되었고 '이대로 하면 되는구나!'를 경험하고 나니 배운 내용이 지식에서 끝나는 것이 아니라 몸으로 체화되는 것을 느꼈다.

실습을 마치고 함께 경험을 나누며 또 한 번 학습이 일어났고, 선수들에게 크고 작은 도움을 줄 수 있었다는 사실에 더욱 자신감을 얻게 되었다.

4. MSPE 성과 명상

코칭과정의 매 차시가 시작될 때마다 천비키코치님이 이끄시는 명상으로 시작이 되었는데 내 몸과 마음 상태를 체크할 수 있었고, 좋은 의도를 마음에 품고 세션에 임할 수 있었다. 마음이 차분해지고 정신이 깨어서 배우는 것들을 흡수를 잘 하고 있다는 느낌을 받았다.

멘탈코칭 과정 중에 병행하면 좋다고 추천해주신 MSPE 성과 명상 과정이 열려 참여하였다. 이틀에 걸쳐 진행이 되었는데 첫째 날에는 육아와 일을 병행하며 생겼던 머릿속의 답답한 느낌과 어깨의 통증이 사라지는 경험을 했고, 두 번째 날에는 진정한 힐링체험을 하게 되었다. 도심 속 온갖 소음이 있던 곳이었음에도 불구하고 멋진 대자연에서 느끼는 힐링보다 더 강력한 내면의 평안을 느끼는 신기한 체험을 했다.

"그렇게 가벼운 마음과 집중력이 바탕이 되면 어떤 일을 하든 중요한 일에 집중을 할 수 있고, 성과가 나겠구나."라고 왜 성과 명상인지 이해가 되었다. 멘탈코칭에서도 몸과 마음의 상태를 높이는 것을 중요하게 생각하는데 명상을 통해서 실질적으로 내가 실천할 수 있는 도구 하나를 더 얻게 되어 든든하다. 때때로 머릿속이 복잡해질 때 명상을 하면 마음이 차분하게 가라앉곤 한다.

MSPE 성과명상 과정 중

그 당시 번아웃이 오고 여러 가지 신체 증상들에 힘들어하던 남동생도 함께 성과 명상에 참여했는데 그 이후로 일에서도 좋은 성과를 내고 있고, 자신이 좋아하는 것을 찾아 열정적으로 생활하며 잘 지내고 있다.

5. 엄마와 딸의 특별한 여행

평창이라는 곳에서 두 살배기 어린아이까지 키우며 영어 교습소를 운영하는 입장에서 한 달에 한 번씩 토, 일을 온전히 수업에 참여하는 것은 불가능해 보였다. 물론 남편도 극구 반대했다. 많은 고민 끝에 지금이 아니면 다시 못 들을 수도 있고 그렇게 되면 평생 후회하겠다는 생각이 들었는데 그 마음이 닿았는지 너무나 고맙게도 천비키 코치님의 어머니께서 아이를 돌봐 주시겠다고 하셔서 나에게 문이 열릴 수 있었다.

아이와 함께 토요일 새벽같이 출발해 기차를 타고 서울로 갔다가 일요일 밤 늦게야 도착하는 빡빡한 일정이었지만 항상 가기 전 설레임에 잠을 설치고, 다녀와서는 마치 꿈을 꾼 것 같은 설레임에 피곤함도 잊곤 했다.

처음엔 내 욕심에 아이를 희생시키는 것이 아닐까 걱정이 되었지만 코치님 어머님과의 만남이 나에게도, 딸에게도 소중한 인연이 되었고, 잊지 못할 좋은 추억들을 많이 만들 수 있었다. 어머님의 품성에 배울 점도 정말 많았고, 진심어린 보살핌에 미소가 밝고 건강하게 잘 지내주어 마음 편히 코칭 과정에 집중을 할 수 있어 너무나 감사했다.

이 과정을 시작하던 시기에는 육아와 일의 균형을 잘 잡지 못하고 시간 압박에 시달리고 있었는데 지금은 일과 육아 모두 주어진 시간에 집중하고 최선을 다할 수 있게 되었다. 머릿속이 복잡할 때면 먼저 명상을 해서 차분함을 유지하고 셀프코칭을 하는 나를 발견하게 된다. 어떤 상황에서도 최선의 방법을 내가 선택해서 해결할 수 있다는 자신감이 생기니 마음이 든든해졌다. 모든 것을 다 해내지 못할 때에도 있지만 예전처럼 자책을 하기 보다는 있는 그대로를 받아들이고 다음에 더 잘 할 수 있는 방법을 생각하는 성장 마인드셋을 장착하게 된 것 같다.

내 마음의 여유가 아이에게도 그대로 전달되는지 안정적으로 잘 커주고 있고 코칭식 대화를 하다 보니 하브루타 교육이 저절로 되는 것 같다.

나의 바램은 아이가 커서 주도성을 가지고 좋아하는 일을 선택하고 어려움도 이겨내며, 사회성이 좋은 사람이 되어 다른 사람들과 서로 도움을 주고 받으며 행복한 삶을 살아가는 것인데 아이가 어릴 때 엄마로서 멘탈코칭을 배운 것은 100번 생각해도 잘한 일 같다.

엄마 따라 기차 여행하는 딸

세미나 때 쯔게 요이치로 상과 함께

6. 더 나은 선생님으로 한 발짝 더 나아가기

예전부터 아이들의 인성과 전인적 교육에 관심이 많이 있었다. 살면서 점수나 지식보다 더 중요한 것이 많이 있고, 자기 주도성이나 회복 탄력성은 이론으로만 배울 수 있는 것이 아니기에 아이들에게 좋은 영향을 주는 교사가 되고 싶다는 생각으로 일을 하고 있다.

멘탈코칭을 배우며 아이들 한 명 한 명에게 더 관심을 많이 기울이게 되었고 어떤 도움이 필요한지 알기 위해 더 많은 대화를 하게 되었다.

그러다 보니 아이들과도 더 가까워지고 자기 고민도 스스럼없이 이야기할 수 있는 관계가 되어가고 있다. 그리고 수업 준비에 있어서도 전보다 마음의 여유가 많이 생겼다. 진도를 나가는 것에 조급한 마음 보다는 아이들이 스스로 하는 즐거움을 느끼게 하고 어떤 수업 내용이라도 아이들에게 줄 수 있는 것이 다양하다는 것을 알게 되니 아이들의 필요에 맞춰 유연하게 변화가 가능해져 스트레스가 훨씬 줄어들었다.

남편이 가끔 아이들을 가르치는 것이 힘들지 않냐고 묻는다. 그때마다 난 대답한다. 너무 즐겁고 힘이 더 난다고. 매일 아이들도 성장하고 나도 성장하는 것 같아 일을 마칠 때마다 입가에 미소 띈 나를 보게 된다.

7. 멘탈코칭을 통해 만난 특별한 인연

13기 동기 코치님들과의 6개월 과정은 행복과 설렘의 연속이었다. 마치 각양각색의 악기들이 모여 아름다운 화음을 만들어 내듯이 배경도, 하는 일도, 관심사도 다른 사람들이 멘탈코칭으로 세상을 이롭게 하려는 목적을 가지고 모이니 만날 때마다 이야기 꽃이 피어나고 서로가 서로에게 배우는 것이 많았다. 도움이 필요하다면 너도 나도 발

벗고 나서기도 해서 우리지역의 스포츠 선수들을 대상으로 하는 코칭 실습을 의뢰했을 때에도 너무나 많은 분들이 먼 거리를 마다 않고 와 주시고 진심을 다해 코칭해 주셔서 정말 감사했다.

13기 수료식날 13기 동기 코치님들과 함께

이끌어 주시는 박철수 코치님과 천비키 코치님의 선하고 귀한 의도가 열정적이고 따뜻한 동기분들의 마음과 만나서 여기저기서 아름다운 일들이 일어나고 있는 것 같다. 이런 선한 의도를 품은 멘탈코칭을 많은 분들이 접해서 세상에 큰 도움이 되길 바라는 마음이다.

이영광 코치

1. e상상코칭 인성코치, 진로코치, 학습코치
2. 체인지인문교육센터장

fndlminds@naver.com

한방의 길을 걷는 한방코치의 멘탈코칭 이야기

1. 나에게 멘탈코칭이란?

나에게 멘탈코칭이란 건강하고 바른 것들을 지혜롭게 전달하고 가르치고 때로는 치료하기 위한 강력한 한방 무기이다. 무기라는 건 자원이다. 자원은 필요한 때에 필요한 만큼 활용하면 효율적이고 효과적으로 힘을 발휘한다. 나에게 멘탈코칭은 엄청난 자원이고 감사한 자원이다. 이 멘탈코칭이란 도구를 장착하기 위해 매일 멘탈코칭이라는 도구를 즐겁게 배우고 신나게 연습하는 순간순간 모두가 굉장히 행복하다.

왜냐하면 이 자원이 많은 사람에게 도움이 될 것이기 때문이다. 내가 먼저 즐겁고 신나게 배우는 멘탈코칭 기술은 조금씩 천천히 내 몸에 쌓이고 쌓여 어느 순간 인간력이 되고 기술력이 되고 경기력이 되어 나도 모르는 사이 자유자재로 결정적인 순간에 활용하며 도움이 필요한 그 긴급한 순간에 도움을 줄 수 있는 강력한 무기로 내 몸에 장비되고 장착될 것이다.

멘탈코칭이라는 최고의 무기를 얻었으니 이것을 익숙하게 갈고 닦는 건 나의 멘탈게임이다. 언제가 될지는 모르지만, 이 멘탈게임에서 결국 승리할 것이다. 결국 승리하기 위해 나는 매일 배웠던 멘탈코칭 기법을 활용할 것이고 이외수 선생님의 존버 정신을 활용해 끝까지 될 때까지 갈 것이다.

결국 멘탈게임의 완성은 존버이기 때문이다. 멘탈게임이 완성된 결국 승리할 그날을 기대하며 오늘도 내 심리적 만족을 주는 하루를 충실히 살아낼 예정이다. 이렇게 사는 하루하루가 매일 감동이고 기적이라 참 감사하고 멘탈코칭이라는 것을 알 수 있고 좋은 사람들과 함께 할 수 있어서 참 감사하다. 멘탈코칭을 끊임없이 연마하여 내 개인과 가족과 조직과 동기분들에게 도움을 드릴 수 있는 자원으로 성숙하게 성장해야겠다 다짐한다.

야구부 팀 멘탈 코칭 장면

2. 나는 이런 코치가 되고 싶다.

나는 대한민국에서 사람들의 건강한 성장을 돕는 교육자로서 살고 있다. 과거에도 그랬고 지금도 그러고 있고 앞으로도 그렇게 살 것이다. 돈, 사업, 인간관계, 건강, 감정, 삶의 의미 모두 교육자라는 정체성과 함께 호흡하며 움직일 것이다. 24년 전반기 6개월 동안 참석한 스포츠멘탈코칭을 내 현장에 적용하며, 7년 동안 정리하지 못했던 하나의 실타래가 풀렸다. 풀린 실타래 덕분에 학교생활에 기본을 잡아주는 3년간의 한방 쌤 교육 커리큘럼이 완성되었다.

한방 쌤 교육 커리큘럼은 1년간 감정, 마인드셋, 보이지 않는 힘을 알려주는 인성수업과 6개월의 내가 누구인지 찾는 비전 찾기 수업, 6개월의 마케팅 사고법, 1년간의 전략독서이다. 그리고 이 모든 교육 커리큘럼은 코치로서 코칭 기법이 적용된다. 그래서 나는 많은 장면과 많은 순간에 코치로서 코치답게 존재해야 한다.

그런 나는 이런 코치가 되고 싶다.

① 만나는 한명 한명을 귀하게 여기며 역할 대 역할이 아닌 존재 대 존재로 만나주는 코치가 되고 싶다.
② 내 좋은 에너지를 먼저 관리하는 코치가 되고 싶다.
③ 살아있는 것만으로 소중하고 가치있게 여기는 마음과 가능성과 잠재력을 믿어주는 마음을 잃지 않으려 노력하는 코치가 되고 싶다.
④ 말이 아닌 삶으로 설득하며 지원하는 코치가 되고 싶다.

경기력 코칭 장면

3. 한방코치의 멘탈코칭 이야기

지금부터 들려드릴 이야기는 일 년 동안 만 명 이상의 학생을 만나는 선생님의 이야기다.

이 선생님은 레크레이션 강사이다.

이 선생님은 미니올림픽, 체육대회 진행자이다.

이 선생님은 리더십, 진로 강사이다.

이 선생님은 진로와 인성 역량을 성장시키는 1:1 과외 코치이다.

이 선생님은 언어능력과 역사의식을 가르치고 전달하는 1:1 과외 선생님이다.

이 선생님은 스포츠멘탈코치이다.

2,000년 겨울 나는 2박 3일 겨울 수련회에 초등학교 6학년 학생 역할로 참여했다. 즐거운 2박 3일 겨울 수련회의 마지막 프로그램은 롤링페이퍼였다. 보통은 아주 아름다운 말들과 감동의 말들이 페이퍼 안에 들어있어 롤링페이퍼라는 것은 꺼낼 때마다 눈가가 촉촉해지는 마법의 기록이자 타임머신이다. 그러나 내 페이퍼 안에 들어있는 메시지들은 23년이 지난 지금도 그다지 감동으로 다가오지 않는다. 고무적인 건 볼 때마다 우울한 기분과 불안한 기분과 반성적 기분이 드는 기록이 내 글감이 되고 강의 재료가 된다는 사실이다. 다음은 그 위대한 기록이다.

'철 좀 들어라, 영광아! 야, 너 좀 까불지 마라! 짜증 나.'

'야! 너 좀 까불지 마라! 짜증 나 글구 네가 칭찬 프로그램에 나와? 웃기시네. 짠 거 다 알아.'

'너 나 알지? 앞으로 까불지 좀 마라. 본 애들 중에 네가 최고였어.'

'영광아, 까불고 그러던데 성격 좀 많이 고치고 말하는 것도 고쳤으면 한다.'

'까불지 말고 말 좀 잘 들어라.'

오죽했으면 마지막 날 가장 감동 있는 프로그램으로 세팅된 롤링 페이퍼에 이런 말들이 적혀있을까 이 글을 쓰며 다시 한번 그 시간을 기억해 본다. 초등학교 6학년 때부터 사람들은 내가 입을 열면 불안해했다. 막말하고 이상한 드립을 끊임없이 날리고 눈치가 없었던 것 같다. 딱 사람 피곤하게 하고 에너지 쭉쭉 빠지게 하는 학생이었다. 나의 그러한 모습은 자연스럽게 여러 가지 교우 관계 문제로 이어졌고 중학교 2학년 때부터 나는 멘탈이 깨진 상태로 살게 되었다. 성적과 지능과 실력 또한 깨진 상태로 30살이 되었다. 뻔한 스토리라 이 원고에서 깊게 풀진 않겠지만 30살이 될 때까지 멘탈이 깨진 채 살았던 나는 30살의 어느 날 멘탈뿐만 아니라 몸, 마음, 관계할 것 없이 모든 게 깨져버렸다.

그 어디에서도 내가 살아갈 이유가 없어서 이 땅 위에 발 딛고 사는 것을 그만하고 싶은 충동에 매일을 살게 되었다. 그때 감사하게도 패러다임이 전환되는 사건과 사람을 만났고, 37살까지 대한민국에서 교육자로서 건강한 진로 역량과 공동체 역량을 가르치고 전달하고 학생 한명한명을 성장시키며 한 방향의 길을 걷고 있었다. 나에게 성과를 가져다주는 최고 효율적 도구는 바로 코칭이었다.

처음 코칭을 접한 순간부터 코칭이라는 도구가 점점 힘을 잃어가는 대한민국 청소년들에게 힘을 줄 거라는 확신이 강하게 들었다. 그때부터 사람들의 건강한 성장을 위한 내 한 방향의 길 위에서 코칭을 적극적으로 수업 때 녹여내며 살아가고 있었다.

코칭을 더 잘하고 싶고 코칭을 더 알고 싶어 코칭에 대한 강의라면 흥미가 있어 신청해서 찾아 듣던 어느 날 국제멘탈코칭센터의 천비키 코치님의 강의를 듣게 되었다. 무료랑 똑같은 이론을 돈을 내고 듣기 싫어서 유료 외부 교육에 대해서는 약간의 거부감이 있던 나는 거만하지만 정중하려 노력하며 유료 멘탈코칭 교육을 듣는 것을 미루고 미뤘었다. 거절할 때 거절하더라도 만나서 대화라도 하자고 끝까지 말씀하시는 코치님의 말씀까지 거절하지 못해 연휴 기간에 사무실로 찾아간 나는 5시간 정도의 대화가 끝나고 계약서에 사인을 하고 있었다.

이 사인이 나에게 퀀텀 점프를 안겨다 줄 것이라고는 그때 미처 생각하지 못했다. 퀀텀 점프를 한 나는 더 자신감 있는 모습으로 더 여유 있고 편안하게 같은 일을 더 파격적으로 하고 있다. 특히나 다른 사람을 의식하는 예민한 성격 덕분에 10점 만점에 1점 정도였던 사회성 대인 관계 능력이 잘 보완되어 9점이 되었다. 내 가장 약했던 부분이 보완되니 주변에서 영향을 받는 사람들에게 좋은 에너지가 흘러가는 것이 느껴져 7년 동안의 감사한 삶 위에 덤으로 더 감사한 하루하루를 매일 누리고 만끽하고 있다.

덤으로 받아 감사한 하루하루를 누리며 살면서 멘탈코칭 프로세스를 중학교 3학년 남학생에게 활용해 뿌듯함을 느꼈던 사례를 말하며 이야기를 이어가 보려 한다.

이 학생의 아버지는 P 제철 회사에 다니신다. 1:1 코칭으로 초등학생 때 만나 지금은 중학교 3학년이 되었다. 이 학생의 아버지는 해외로 자주 파견을 가셨다. 그래서 이 학생은 언제나 정든 친구들과 2~3년 주기로 이별했다. 초등학교 때는 인도에서 국제학교에 다녔고 올해까지 중학교 1, 2, 3학년 동안 한국에 있었고 필리핀에 있는 국제학교에 면접을 잘 보고 합격하여 이제 8월에 필리핀으로 가서 고등학교를 필리핀 국제학교에 다니게 된다.

일주일 전 여름방학 직전에 중학교 3학년을 같이 보낸 친구들끼리 모여서 학교 체육관에서 단합대회를 했다고 한다. 그때 친구들이 써준 긴 롤링페이퍼 글을 읽어주며 이 학생은 자기가 정말 중학교 생활을 잘한 것 같다고 애들이 진심을 담아 정말 길게 써줘서 읽을 때마다 감동

이라고 얘기해 주었다. 그러면서 이 친구가 한 고백이 옛날 같으면 이
럴 때마다 왜 자꾸 나는 이렇게 옮겨 다니고 친해지면 멀어져야 하는지
진짜 힘들고 우울하고 멘탈이 깨졌었는데 지금은 아무렇지도 않고 오
히려 다양한 경험을 할 수 있어 좋고 이 친구들과도 계속해서 연결할
수 있는 플랫폼들이 있어서 상관없다고 얘기해 주었다. 그러면서 덧붙
인 말이 천천히 고민해보니 이런 멘탈을 갖게 된 게 이 멘탈코칭 수업
을 해주신 덕분이라고 얘기하였다. 확실히 멘탈코칭 교육을 받는 7개
월 동안 1학기 중간고사와 기말고사를 거치는 내 학생에게 멘탈코칭
교육을 받은 것들을 활용해 코칭하고 수업하고 강의하고 멘토링했던
것이 효과가 있구나라는 생각이 들었고 뿌듯했다.

이 외에도 많은 학생의 사례가 계속해서 쏟아지고 있고 나는 이 멘
탈코칭을 더 많은 학생이 한 번이라도 체험해서 희망이 사라지고 있
는 대한민국이 다시 희망을 품고 도전하고 성장하기를 기대하고 있
다. 그렇게 하기 위해 다시 내 삶을 새롭게 혁신하고 시도하고 도전하
고 있다. 내 한 방향의 삶의 걸음과 혁신이 위태로운 대한민국의 한 줄
기 빛과 같은 희망을 전하길 진심으로 바라고 원한다. 그 걸음 위 한
손에 멘탈코칭이라는 강력한 도구가 쥐어져 있는 이 엄청난 선물과
자원과 기회에 진심으로 감사하다 고백하며 이 선생님의 멘탈코칭 이
야기를 마친다.

이재희 코치

1. 대전시립교향단 상임단원 (Violin)
2. 대전 목원대학교 미래창의평생교육원 강사

dwczc6@gmail.com

나는 부족한 나를 온전히 안아주지 못했다.

1. 나에게 멘탈코칭이란?

KPC 전문코치인 내게 멘탈코칭은 고객이 끓어오르게 하는 코칭으로 변모시켰다. 나의 삶도 도전적으로 성장하고 있다. 멘탈코칭은 고객이 목표를 향해 가는 여정 속에서 다채롭고 실감 나게 느끼며 삶에 대한 열정이 용솟음치게 한다. 그 안에서 코치도 상호성장하게 한다. 나의 일상에서도 통제할 수 없는 것에 안달하지 않으며 게으른 완벽주의 성향을 지닌 내가 정말 하기 어려운 새로운 일들에 도전해 보고 그 결과의 성패와 상관없이 새로운 배움으로 가져가는 힘이 점점 장착되어가고 있다.

2. 나는 이런 코치가 되고 싶다.

나는 고객 본인 안에 있는 아주 작은 무엇 하나도 무시하지 않고 바라볼수 있기를 바란다. 그 씨앗같은 작은것 하나가 앞으로 자신을 얼만큼 크고 밝게 변화시킬지 발견하도록 도움 주는 코치이고 싶다.

작은 일도 무시하지 않고 최선을 다해야 한다. 작은 일에도 최선을 다하면 정성스럽게 된다, 정성스럽게 되면 겉에 배어 나오고, 겉에 배어 나오면 겉으로 드러나고, 겉으로 드러나면 이내 밝아지고, 밝아지면 남을 감동하게 하고, 남을 감동하게 하면 이내 변하게 되고, 변하면 생육된다. 그러니 오직 세상에서 지극히 정성을 다하는 사람만이 나와 세상을 변하게 할 수 있는 것이다.

-예기 중용 제23장-

처음 이 중용 23장을 만났을 때 가슴이 터질 것 같은 뜨거움이 있었다. 몇 번을 읽으며 감당할 수 없는 벅참에 눈물도 많이 흘렸었다. 무엇이 나를 진동하게 했을까? 아마도 작은 것에 소홀함 없이 정성을 다하는 것이 나와 세상을 바꿀 수 있는 큰 한발을 떼는 것임을 알았기 때문일 것이다.

크게 크게 움직이며 뭔가 대단한 성과가 나길 바랐지만 제자리를 맴도는 듯한 속도에 나를 탐탁치 않게 생각하던 나를 보듬을 수 있는 꺼지지 않는 벽난로 하나를 가슴에 품었다.

그 훈훈한 온기는 어떤것에도 정성을 다 하는 나의 모습에 늘 힘이 되듯이 고객도 나를 만나는 코칭 시간으로 자신안에 있는 든든한 무언가를 발견하기를 소망한다.

3. 나는 부족한 나를 온전히 안아주지 못했다.

바이올린 선율에 실린 멘탈코칭

당신은 자기 자신을 얼마나 사랑하는가? 나는 오케스트라에서 27년 차 바이올린 연주자로 활동하고 있다. 말수가 적고 외부에 드러나는 것을 어려워 하는 내향적 성향으로 내 생각과 감정을 표현하는 것이 쉽지 않았다. 그래도, 바이올린이 있었기에 연주하며 나를 표현할 수 있었다.

그렇게 평상시 사회적으로 소심하고 완벽주의인 나는 사소한 실수도 스스로 용납하지 못했기에 실패의 두려움으로 그 어떤 것도 쉽게 시도하지 못했고, 나의 의지와 상관없이 수행해야 하는 일이 주어지면 완벽주의 성향이 나를 괴롭혔다. 결국 불안과 과도한 스트레스로 연주 시 몸이 굳어 연주를 제대로 할 수 없는 지경을 맞이하게 된다. (나중에 코칭 공부를 시작고 나서 그것이 스포츠계에서 말하는 입스 현상이었다는 것을 알게 된다.)

입스(Yips)
압박감이 느껴지는 시합 등의, 불안이 증가하는 상황에서 근육이 경직되면서 평소에 잘하던 동작을 제대로 못 하게 되는 현상을 뜻한다(출처: 나무위키).

4. 코칭으로 새로운 나를 만나다

한국코치협회 KPC 자격인증

지금까지 살아온 바이올린 연주자로서 나의 모습을 모르는 코칭의 공간에서 새로운 모습의 나로 살아보고 싶었다. KAC(Korea Associate Coach) 자격 취득을 6개월 목표에 두고 코칭실습에 매진했다. 스스로 생각하기에 실력이 형편없다고 느껴져도, 강도가 쎈 피드벡이 들어와도, 지금까지와는 달리 짧은 시간에 마음을 회복 하고 계속 해 나갔다. 얼마나 달렸던지 실습 50시간이면 서류접수가 가능한 KAC인증시험에 나는 90시간 40분의 시간으로 서류를 접수했다 KAC를 통과하고 KPC(Korea Profassional Coach) 자격 취득하기까지도 나와의 싸움은 끝이 없었지만 뭔가를 즐긴다는게 이런 거구나 하는 '신남'이 점점 커지고 있었다. 지금 생각해 보면 그것은 불합격의 압박감에 쪼그라들고 롤러코스트를 탔지만 그러면서도 계속 실습에 도전하며 조금씩 성장하고 있는 나를, 너무 느리다 몰아세우지 않고 '뿌듯하게 보고 있는 나의 시선' 이 생겼기 때문인것 같다. 그 신남은 내안에서 더 성장해 요즘은 여러 지점에서 빼꼼 고개를 내밀며 출몰하고 있다.

5. 정도를 지키며 고객을 제대로 돕는 코치이고 싶다.

실전에서의 신체감각 체크(좌) 마스터 코치님과의 대화(우)

전문 코치가 왜 다시 스포츠 멘탈코칭을 선택했을까? 고객과 함께 목표점에 정확히! 그리고 빠르게! 도달하고 싶었기 때문이다. 멘탈코칭은 나의 일반코칭에 속도를 높이는 부스터를 설치하는 것이었다. 멘탈코칭은 뇌과학을 기반으로 생각, 행동, 느낌 등 사람에 대한 이해를 가지고 몸을 움직여서 생각하게 하므로 고객의 알아차림과 변화가 파워풀 하니 성과코칭의 진수라 할수 있다. 코칭은 컨설팅이나 티칭처럼 코치가 답을 주지 않는다. 모든것을 고객 스스로 찾아내고 실행하고 목표를 달성한다.

코치는 오로지 질문으로 고객의 생각을 확장하고 알아차릴 수 있도록 돕는 생각 파트너 이고 자기와의 대화의 질이 좋아지도록 하는 상태 변화 촉진 전문가 이다. 충고, 조언, 평가, 판단 하지 않고 오로지 하나의 존재로 고객을 만난다. 사람은 무한한 가능성과 잠재력이 있고, 선한 의도를 가진 존재라는 코칭철학을 기반으로 수없이 훈련되기에 가능한 일이다. 그리고 고객이 스스로 알아차릴때 까지 기다릴 줄도 알아야 한다. 그 또한 코치의 중요한 책무중 하나이다. 나는 이런 책무들을 무너뜨리지 않고 고객이 목표한 지점에 빠르게 도달 할수 있게 돕고 싶었다.

6. 주목할 만한 코칭 사례

* 코칭 사례 공개에 허락과 소감 남겨주신 민희진 님께 감사의 말씀 전합니다.

1년 동안 꾸준히 코칭을 진행하고 있는 민희진 고객님이 계신다. 처음 코칭을 시작할 때 희진 님은 본인이 원하는 이상적인 모습을 분명히 가지고 있음에도 불구하고 힘든 일을 겪어오면서 예민해지고 무기력해져 행동 자제력과 감정 통제력도 약해졌고 그러한 상태가 이상적인 모습과 달라 더욱 힘들어하며 본인의 모습을 변화시키기 위해

강박적으로 노력했지만 본인의 모습이 만족스럽지 않아 늘 더 좋은 모습을 본인에게 요구했다. 코칭을 여러 회차 거듭하며 계속 매몰차게 몰아세우는 자신을 알아차리고 본인이 되기 원했던 자신의 신념인, '밤하늘 같이 상대를 빛나게 해 주는 존재'를 본인에게 적용해 친구같은 존재이기로 마음을 먹게 된다. 그 뒤로 행동에 대한 자제력, 좋은 습관 루틴화, 경계선을 설정하여 나답게 관계하기, 과거의 노력이 헛 수고가 아닌 자원으로 남아 있음을 발견하는 과정으로 희진님은 전보다 더 당당해지고 분명히 무언가를 얻을것이라는 자신에 대한 믿음을 갖게 되셨다.

필자가 멘탈코칭 교육을 받게 되면서 멘탈코칭으로 전환하게 되었고 그동안 발견한 경험에 새로운 전문성을 리스트 업 해서 작은 속눈썹 샵의 1인 사업을 시작하셨다. 사업장 이름은 코칭 세션에서 찾은 '밤하늘'의 줄임말 '밤하'이다. 사업 준비를 위해 무리한 스케줄 소화에 행동 자제력이 무너졌지만, 다시 본인을 이해하는 코칭시간으로 바로 활력있는 삶을 되찾았다. 아직은 사업초반이라 2건의 다른 아르바이트를 겸해 완전 갓생을 살며 사업 운영에 전념을 다 하고 계신다.

네이버에 '밤하 속눈썹'이라고 치면 얼마나 열심이신지 상세히 살펴볼 수 있다. 오늘도 '사업안정'에 대한 코칭 세션을 진행했다. 일반 대화 모델 코칭에서 멘탈코칭으로 전환했을 당시 희진 님은 이렇게 표현하셨다. "그동안 코칭하고 나면 나의 이야기가 나오는 소설을 보는 느낌이어서 나를 객관적으로 바라보며 알아가는 시간이었던 것도 좋았는데 멘탈코칭은 직접 몸을 움직이니 내가 게임 캐릭터가 되어 게임 속으로 진짜 들어와 레벨업을 위한 퀘스트들을 하나하나 깨나가는 느낌이었어요!"

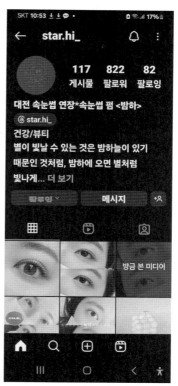

내 안에 있는 복잡한 생각을 관찰하고 원하는 상태로 다시 재 배치(좌)

희진님 인스타그램(우)

7. 희진님 코칭 소감

　1년간 제일 달라진 점은 나를 나로 받아들인 것이다. 이전에는 내가 원하는 내 모습에 너무 집착한 나머지 나의 부족한 점이나 현재 마음에 안 드는 것들은 반드시 고쳐야 하는 것으로 여겨 그것을 원하는 상태로 만들기 위해 애썼다. 그런데 코칭을 한 후 그런 내 모습도 나로 받아들이고 괜찮다고 해주면서 오히려 내가 바라던 모습에 가까워지고 있는 나를 발견하게 되었다. 코칭을 하기 전에도 나를 관찰하고 분석하는 것과 심리학에 관심이 많아 엄청 새로운 사실을 발견한 것이 아님에도, 이전보다 빠르게 마인드를 세팅하고 실행에 옮기게 된 것이 신기한데 멘탈코칭을 하면서는 그 속도가 더욱 빨라져, 내 생활 양식까지 바뀌고 있는 것이 신기하다. 코칭을 하기 전엔 모자란 부분을 찾아 바꾸려 했기에 늘 부족한 나였는데, 코칭을 하며 내가 갖고 있는 가치에 집중하게 되고 그걸 인정하면서 이제 나는 용기와 결단력을 갖춘 아주 사치스러운 사람이 되었으며, 나에 대한 확신으로 가득 차게 되었다. 아직도 부족한 부분들이 많고 자신감이 없을 때도 있지만 그것과는 별개로 어떤 문제를 만나도 최선을 다해 해결하고자 하고, 설사 무너진다 해도 다시 툴툴 털고 일어나 앞으로 걸어가는 것이 나임을 자랑스럽게 여기게 되었다. 바꾸려 할 땐 바뀌지 않던 것들이 코칭을 통해 바라봐 주고 인정해주니, 달라지고 있는 것이 아직도 신기하다. 이렇게 성장 하게 도와주신 이재희 코치님 늘 감사드립니다.

8. 음악과 멘탈코칭

베르나르 뷔페. 〈악기〉 (1961년)

좋은 음악과 좋은 코칭의 닮은 점이 있을까? 있다면 그것은 무엇일까? 연주 공간에서는 음악이 관객을, 코칭 세션 안에서는 코치의 질문이 코칭 고객 자신의 내면과 서로 공명하게 한다. 관객은 음악으로 느낌이든 감정이든 예전의 기억이든 내면 안에서 자기만의 그 무엇이 공명되어 마음의 힐링, 편안함, 카타르시스, 새로운 에너지, 활력 또는 고요함을 얻어 새로운 힘을 가지게 된다.

코칭 고객은 질문을 통해 내면의 본인에 대한 이해가 깊어 지고 원하는 것을 알게 되어 목표를 정하며 그것이 자신에게 어떤 이유로 중요한지 알고 자신의 삶을 주체적으로 주관하며 살아가게 된다.

예술가들은 어떨까? 자신을 잘 이해하는 것이 예술적 표현의 이해와 깊이가 달라지게 하고 덧붙여 무대에 선 연주자도 본인 안의 어떤 것을 빼고 또 보태야 할지를 알아차리게 되어 무대에 대한 공포가 관객과 교감하는 즐거움과 자유로움으로 변화될수 있다.

나도 코치이자 연주자로 주변 사람에게 본인과 타인 그리고 세상을 바라보는 시각이 달라져 좀더 밝고 활기차게 살아갈 수 있게 작은 파장으로 공명되고 싶다.

9. 마무리하며

코칭 공부를 하기 전 예전 나의 모습이 완전히 사라지진 않았다. 하지만 희진 님의 소감과 비슷하게 나 또한 내게 닥친 상황을 어떻게 해석하고 행동하는지가 달라졌고 딱히 바라는 게 많이 없다. 그럼에도 나는 계속 성장하고 있다.

얼마 전 개봉해 역대 애니메이션 영화 중 1위에 등극한 〈인사이드 아웃2〉!! 관람하셨는가? 그 감정 친구들의 그룹에 나의 메인감정을 감히 "평안이"라고 소개하고 싶다. 그만큼 나의 삶을 살아가며 일어나는 여러 일들에 대해 크게 흔들리지 않는다. 그래서 뭘 원하는지, 어떤 걸 할건지의 생각 패턴으로 작동된다. 물론 나도 신이 아닌 이상 불안이와 버럭이 같은 부정적 감정 친구들이 앞에 나서서 정신없이 몰고 갈 때도 있겠지만 그 또한 나의 모습인 것을 수용하고 그 시기를 지혜롭게 잘 지나 갈 거라고 믿는다.

이 글을 읽고 계신 독자님들께 코칭 질문드립니다.

1. 지금 당신은 당신이 정한 인생영화에서 주인공으로 살아가고 계신가요?
2. 요즘 당신의 메인 감정은 어떤 친구에요?
3. 그 감정은 뭘 원하길래 자주 나타날까요?
4. 앞 질문에 대답해 보셨다면 조금 더 내가 원하는 삶을 살기 위해 무엇을 어떻게 달리해 보고 싶은가요?

당신의 인생을 이재희 코치가 응원합니다.

이준석 코치

이준석 멘탈코치
nayuan5789@gmail.com

1. 첫 발걸음

10년 이상을 엘리트 태권도 선수로 활동하던 내가 스포츠 멘탈코 칭을 시작하게 된 계기는 운동선수 시절에 멘탈이 얼마나 중요한 요 소인지 잘 알고 있었고 또 그것을 좋은 방향으로 가져가면 엄청난 경 기력이 나온다는 것을 알고 있었기 때문이다. 하지만 이 멘탈을 어떻 게 컨트롤하고 잘 활용하는지 선수들 대부분이 모르고 나 역시 잘 모 른다고 생각했었다.

그래서 스포츠 멘탈코칭을 통해 더 깊게 배우고 알고 나서 나의 멘 탈력도 좋아지는 동시에 이 멘탈력을 선수들에게 잘 코칭하면서 코칭 을 받은 선수들은 더 좋은 경기력을 할 수 있게 만들어 주고 싶다는 생 각을 가지고 스포츠 멘탈코칭 13기에 입문을 하였다.

스포츠 멘탈코칭 13기에 입문한 것은 우연한 계기가 아니었다. 이 렇게 스포츠 현장에서의 경험은 나에게 많은 것을 가르쳐 주었지만, 마음의 강인함을 다루는 방법에 대한 갈증은 여전히 남아 있었다.

나는 멘탈코칭에 대한 이론과 실제를 배우고자 결심했고, 이 결심이 13기로 이어졌다. 첫날 참가자 간의 코칭 실습에서, 우리는 시간여행을 하면서 자신이 지나온 길과 앞으로 나아갈 길을 시각화하는 코칭을 받았다. 그 과정에서 과거의 경험과 감정이 한눈에 들어왔고, 이를 통해 나는 내 삶의 방향성을 재정립할 수 있었다.

2. 코칭 철학으로 목표를 바라보다.

코칭 철학은 단순한 이론이 아닌, 나의 신념 체계에 큰 변화를 가져왔다. 그중에서도 "성장은 고통을 동반한다"라는 철학은 많은 깨달음을 주었다. 우리는 모두 성장의 순간에 크고 작은 고통을 경험한다. 하지만 이러한 고통을 어떻게 받아들이고 극복하느냐에 따라 우리의 성장이 결정된다. 이 철학은 단순히 머릿속에 머물지 않고, 매일의 훈련과 실습에서 체화되었다.

특히 머릿속에 있는 나의 목표를 끄집어내 볼 수 있는 과정은 나에게 큰 변화를 일으켰다. 매일 아침, 하루의 목표와 긍정적인 다짐을 포스트잇에 적어 눈에 잘 띄는 곳에 붙이는 일은 작은 습관 같았지만, 그 효과는 놀라웠다. 목표를 시각적으로 인식함으로써 하루의 집중력이 높아졌고, 긍정적인 다짐은 나의 멘탈 상태를 긍정적으로 유지하는 데 큰 도움이 되었다.

3. 코칭 세션과 실습

13기 과정 중 가장 인상 깊었던 것은 교육장에서 실제 엘리트 선수를 대상으로 배운 것을 바로 적용하여 코칭 실습을 하는 장면이었다. 우리는 이론을 배우는 데 그치지 않고, 직접 코칭 세션을 진행하며 배운 것을 적용해보았다. 처음에는 서툴고 어색했지만, 점차 상대방의 감정을 이해하고, 그들의 문제를 함께 해결해 나가는 과정에서 코칭의 진정한 의미를 깨달았다. 코칭을 하다 보면서 선수와 내가 하나가 되는 느낌도 들었고 감정도 같이 느끼면서 같이 걸어간다는 느낌도 받았다. 그리고 선수 자신이 자신의 장단점을 잘 파악해 분석하고 앞으로 어떻게 나아갈 것인지 알아 내가는 것을 보고 코칭의 깊이를 온몸으로 느꼈다.

4. 나 자신과의 대화

코칭 과정이 끝나갈 즈음, 나는 다시 한번 시간여행을 했다. 이번에는 과거의 나와 현재의 나를 비교하며, 그사이의 변화를 시각화했다. 그 변화는 놀라웠다. 나는 단순히 기술을 배우는 것을 넘어서, 나 자신과의 대화를 통해 진정한 성장을 이룰 수 있었다. 멘탈코칭은 단순한 스포츠 코칭이 아닌, 삶의 모든 영역에서 적용될 수 있는 강력한 도구임을 깨달았다.

5. 나의 성장과 변화의 필수 아이템이 바로 멘탈이다

나에게 멘탈이란 내 삶의 중심이며, 나를 이끌어가는 가장 중요한 힘이다. 멘탈은 단순히 정신적인 상태를 넘어, 내가 누구인지, 지금 어디에 있는지, 무엇을 원하는지, 그리고 어떻게 살아갈지를 결정하는 나침반 같은 존재이다. 멘탈이 강하면 어떤 어려움도 이겨낼 수 있는 자신감이 생기고, 멘탈이 흔들리면 작은 문제에도 쉽게 무너질 수 있다.

멘탈코칭을 통해 나는 나 자신을 더 깊이 이해하게 되었고, 나의 감정과 생각을 어떻게 다루어야 하는지 배웠다. 이 과정에서 멘탈은 단순한 정신력이 아니라, 나의 성장과 변화에 필수적인 도구임을 깨달았다. 나에게 멘탈은 삶의 방향을 설정하고, 그 방향을 따라 흔들림

없이 나아갈 수 있게 해주는 원동력이다. 결국, 멘탈은 나를 가장 잘 이해하고, 나의 잠재력을 최대한 발휘하게 하는 중요한 요소라는 걸 알게 됐다. 나의 멘탈이 단단해질수록 나는 더 나은 나 자신이 될 수 있다.

6. 불안에서 자신감으로

멘탈코칭을 배우기 전, 나는 늘 불안감과 스트레스에 시달렸다. 작은 실수에도 자책하며 쉽게 무너졌고, 중요한 결정을 내릴 때마다 자신감이 부족해 머뭇거리기 일쑤였다. 이런 나 자신이 답답했지만, 어디서부터 문제를 해결해야 할지 몰랐다.

멘탈코칭을 통해 나는 먼저 내 감정의 근원을 이해하게 됐다. 불안감이 왜 생기는지, 그 감정이 내 행동에 어떤 영향을 미치는지를 명확히 알게 된 것이다. 멘탈코칭을 배우면서 내면의 목소리에 귀를 기울이고, 부정적인 감정을 다루는 방법을 배우면서 점차 불안감을 조절할 수 있게 되었다.

가장 큰 변화는 자신감이 생겼다. 이전에는 실수나 실패에 대한 두려움 때문에 새로운 도전을 꺼렸지만, 코칭을 통해 실수는 성장의 일부라는 걸 받아들이게 됐다. 이 깨달음 덕분에 더 이상 실패를 두려워하지 않고, 오히려 그 경험을 통해 배우려고 노력하게 됐다. 내가 설정한 목표를 차근차근 이루어 가는 과정에서 점점 더 자신감이 쌓였고, 그 자신감은 다른 영역에서도 긍정적인 영향을 미쳤다.

또한, 스트레스를 관리하는 방법도 배웠다. 이전에는 스트레스가 쌓이면 어떻게 풀어야 할지 몰랐지만, 멘탈코칭 과정을 통해 스트레스를 미리 인지하고 그에 맞는 대처법을 익히면서 스트레스에 휘둘리지 않게 되었다. 이제는 스트레스가 찾아오면, 그 상황을 객관적으로 바라보고 필요한 조치를 취할 수 있는 여유가 생겼다.

멘탈코칭을 통해 나는 스스로를 더 잘 이해하고, 나의 약점을 극복할 방법을 배웠다. 그 결과, 나는 이전보다 훨씬 더 강해지고 안정된 사람이 되었다. 이제는 어떤 어려움이 닥쳐도 그것을 기회로 삼아 더 성장할 수 있다는 확신이 생겼다.

또 하나 알게 된 것은 내가 변하면서 주변 사람들도 긍정적으로 변한다는 것을 많이 느꼈다. 이렇게 서로 좋은 에너지를 주고받으면서 더 좋은 영향을 서로 받는다는 것을 알게 되었다.

7. 새로운 시작

나는 스포츠 멘탈코칭을 배우면서 13기 코치님들을 만나면서 새로운 눈으로 세상을 바라보게 되었다. 코치님들의 많은 도움을 받고 예전의 나보다 많은 성장을 했다고 개인적으로 생각한다.

이제는 나 자신의 성장뿐만 아니라, 다른 이들의 성장을 도울 준비가 되어 있다. 6개월간 배우고 익힌 다양한 멘탈코칭 도구들과 6가지 코칭 철학은 나의 삶의 중요한 부분이 되었고, 이를 통해 나는 계속해서 성장해 나갈 것이다.

몇 개월이 지나면 4년간의 대학생을 정리하고 삶의 현장으로 나아가는 현시점에서 두려움과 설렘이 동시에 꿈틀거린다. 그럼에도 불구하고 난 강력한 멘탈무기를 장착하였기에 당당히 맞서 위너가 될 것이다.

정아윤 코치

멘탈코치
아로마테라피스트
기질전문가
potential3@naver.com

"K-MOM의 멘탈코칭: 나와 세상을 변화시키는 소통의 기술"

1. 멘탈코칭이란? 엄마로서 나를 찾다

저는 삼형제를 키우고 있는 K-MOM입니다! 아이들이 초등학생과 중학생이 되면서 나의 미래에 대해 진지하게 고민하기 시작했습니다. 어느 순간, 나는 사라지고 '엄마'로만 존재하고 있었죠. 아이들에게는 "모든 일에 최선을 다하고, 도전해!"라고 말하며 용기를 주었지만, 정작 나 자신은 세상 속에서 나를 찾는 게 두렵기만 했습니다.

그러던 중, 멘탈코칭을 알게 되었습니다. 복잡한 생각만 가득한 나에게 멘탈코칭은 몸을 움직여 스스로 깨닫게 해주는 강력한 도구였습니다. 이로 인해 더 넓은 세상으로 나아갈 수 있는 힘을 얻게 되었습니다. 예전에는 두려움 속에 갇혀 새로운 것을 시도하지 못했지만, 멘탈코칭을 통해 작은 행동이라도 시작할 수 있었고, 그 작은 변화가 결국 큰 결과로 이어졌습니다.

사람은 아무 일이 없을 때는 누구나 너그럽고 좋은 사람이 될 수 있습니다. 그러나 삼형제를 키우는 엄마로서 저의 하루하루는 다이나믹합니다. 아이들의 일상을 챙기고, 가사일을 하며 매일 멘탈을 붙잡고 살아가야 하죠. 흔히들 "엄마는 멘탈이 강해야 한다"고 말합니다. 이 말은 곧 "내 감정이 태도가 되지 않게 하자"는 뜻으로 해석할 수 있습니다.

그렇다면, 나는 지금 어떤 상태일까요? 그리고 내가 원하는 상태는 무엇일까요? 스스로에게 끊임없이 묻고 대화하는 과정이 필요합니다. 나의 감정을 체크하고, 이를 컨트롤하며 상황을 마주할 때, 우리는 비로소 멘탈이 강해졌다고 할 수 있습니다. 멘탈코칭을 통해 경력 단절과 육아로 가려졌던 나를 발견하고, 나 자신과의 관계, 부모와 자식 간의 관계, 부부 간의 관계를 건강하게 만들어 가는 소통의 기술을 배우게 되었습니다. 이것이 바로 멘탈코칭입니다.

관계 속에서 성장하기

2. 관계 속에서 성장하기: 누군가의 디딤돌이 되고 싶다

우리는 모두 다양한 관계 속에서 살아갑니다. 가족, 친구, 직장 동료, 혹은 팀원과의 관계가 우리 일상에 큰 영향을 미치죠. 프로젝트를 함께 하는 팀에서 팀워크가 잘 맞을 때, 비록 결과가 기대에 미치지 못하더라도 우리는 "잘 해냈어, 다음에는 더 잘할 수 있어"라며 긍정적으로 받아들입니다. 그러나 팀워크가 원활하지 않다면, 상황은 달라집니다. "네 탓이야", "이 환경 때문이야" 라며 서로를 탓하거나 외부 요인에 책임을 돌리게 됩니다. 그만큼 함께 하는 사람들 간의 시너지는 막강하고, 그 영향력은 우리의 감정과 태도에 크게 작용합니다.

가족도, 직장도, 내가 속한 모든 사회적 공간은 관계를 기반으로 형성된 '팀'입니다. 그런 팀에서 큰 포부를 안고 어떤 일을 시도했지만, 결과가 기대에 미치지 못했을 때, 무엇이 더 나를 힘들게 할까요? 바로 관계에서 오는 불협화음일 것입니다. 물론, 주변의 쓴소리나 비판도 상처가 될 수 있지만, 사실 더 속상한 것은 그 소리에 쉽게 흔들리는 내 자신의 모습일 때가 많습니다.

　이런 상황에서 나의 멘탈이 건강하고 견고하다면, 상황은 크게 달라질 것입니다. 누가 무슨 말을 하든, 내가 흔들리지 않고 내 중심을 잡을 수 있다면, 외부의 비판이나 어려운 관계 속에서도 나 자신을 지키며 나아갈 수 있게 됩니다. 결국, 모든 관계에서 중요한 것은 나 자신의 멘탈이 얼마나 강한가에 달려 있습니다. 내가 스스로의 힘을 기르고, 나의 감정을 안정적으로 다룰 수 있게 된다면, 더 이상 주위 환경이나 관계의 흐름에 좌우되지 않고, 어떤 상황에서도 흔들리지 않는 내 자신을 발견할 수 있을 것입니다.

　그래서 저는, 모든 관계에 지쳐 나 자신을 숨기고 살아가는 사람들에게 멘탈코치로서 작은 디딤돌이 되고 싶습니다. 그들이 다시 앞으로 나아갈 수 있도록, 건강한 관계를 만들어갈 수 있도록, 자신을 찾고 세상과 소통할 수 있는 길을 함께 걷고 싶습니다.

1%의 차이가 만드는 변화

3. 육아 속에서 발견한 멘탈코칭:
1%의 차이가 만드는 변화

아이들의 싸움은 늘 일어나는 일이죠. 부모로서 때로는 강압적으로 훈육하기도 합니다. 그러나 그 결과는 대개 부모와 아이의 관계를 악화시킵니다. 저도 예전에는 아이들이 싸우면 무조건 혼을 냈습니다. 그런데 멘탈코칭을 배우던 중, 어느 날 아이들이 또 싸웠습니다. 머릿속에서 수많은 생각이 스쳤지만, 이번에는 멘탈코칭을 적용해보기로 결심했습니다.

집에 있는 어벤져스 피규어들을 가져와 각자 자신이 선택한 피규어로 상황을 재연해보게 했습니다. 아이들은 자신이 느낀 감정과 관점을 이야기하며 점점 상대방의 입장을 이해하기 시작했습니다. 그 후 저는 아이들에게 물었습니다. "이전의 훈육 방식과 지금의 방식이 어떻게 다르게 느껴졌니?" 아이들은 "전에는 뭘 잘못했는지 몰랐지만, 지금은 왜 그 상황에서 잘못했는지 정확하게 느껴졌어요"라고 답했습니다.

이처럼 멘탈코칭을 통한 훈육은 많은 말이 필요하지 않습니다. 그저 상황을 재연하고, 그 안에서 아이들이 스스로 바라보고 깨닫도록 도울 뿐입니다. 또한, 그들의 감정을 들어주기만 해도 아이들은 많은 것을 배웁니다. 이러한 코칭 방식을 통해 아이들은 어른이 되었을 때 스스로 생각하는 힘과 올바른 판단력을 갖출 수 있게 됩니다.

육아에는 정답이 없고, 아이마다 상황에 따라 달라지기 마련입니다. 하지만 멘탈코칭은 객관적으로 상황을 바라보는 눈을 길러주고, 그 안에서 자신만의 답을 찾도록 이끌어 줍니다. 이런 작은 변화들이 쌓여 부모와 아이 사이의 관계를 긍정적으로 바꾸며, 그 과정에서 부모 역시 많은 것을 배우게 됩니다.

경기는 기술로 만들어 지지만 멘탈로 끝난다

4. 생각을 행동으로: 멘탈코칭이 주는 실천의 힘

우리는 모두 원하는 것이 너무 많습니다. 하지만 행동으로 옮기지 못하는 이유는 수백만 가지나 됩니다. "시간이 없어", "아직 준비가 안 됐어", "더 나아갈 자신이 없어" 같은 이유들이 자꾸만 우리를 발목 잡습니다. 그렇게 이유들만 쌓여가고, 몇 년이 지나도 나는 여전히 같은 고민 속에서 머물러 있습니다. 스스로를 점검해보면 "왜 나는 뭔가를 시도하는데도 제자리걸음일까?"라는 생각이 떠나지 않습니다. 분명히 열심히 무언가를 하고 있는 것 같은데, 결과는 늘 똑같고, 계속해서 같은 고민의 굴레에 갇혀있는 느낌이 듭니다.

저도 몇 년 동안 이런 생각에 사로잡혀 있었습니다. 행동하기보다는 머리로만 열심히 고민하며 답을 찾으려고 했죠. 그러면서 늘 WHY

라는 질문을 던지곤 했습니다. "왜 이 일이 제대로 풀리지 않는 걸까?" "왜 나는 잘하고 있다고 생각하는데 결과는 그렇지 않을까?" 성찰은 중요한 과정이지만, 때로는 그 속에 너무 깊이 빠져 문제의 원인만 찾아내는 데 시간을 다 써버리고, 정작 중요한 '실천'으로 이어지지 못하는 경우가 많습니다.

하지만 멘탈코칭을 배우면서 깨달은 것은, HOW라는 질문으로 전환할 때 변화가 시작된다는 것입니다. "어떻게 하면 이 문제를 해결할 수 있을까?", "어떻게 하면 더 나은 방향으로 나아갈 수 있을까?"라는 질문으로 바꾸자 생각의 중심이 '문제'에서 '해결책'으로 옮겨가더군요. 그렇게 전환된 사고방식은 단순히 머리로 고민하는 데서 끝나지 않고, 실제 행동으로 이어졌습니다.

가장 중요한 것은 바로 나 자신과의 소통이었습니다. 내가 지금 어디에 서 있는지, 무엇이 나를 막고 있는지, 그리고 내가 정말 원하는 것이 무엇인지를 정확히 알아차리는 것이 필요했습니다. 그 과정에서 나 자신과 친해지는 법을 배웠습니다. 나의 감정, 나의 욕구, 나의 상태를 인정하고 받아들이는 것이 출발점이었죠. 마음의 소리를 무시하지 않고, 내 몸이 보내는 신호에 귀 기울였습니다. 때로는 몸이 피곤한데도 일을 해내야 할 때가 있죠. 그런 순간이 지나면 나에게 작은 보상을 주고, 나 스스로를 돌보는 시간이 필요합니다. 마치 어린아이를 돌보듯이, 내 내면의 아이에게도 따뜻한 관심과 돌봄을 주는 것이 중요합니다. 그럴 때 내면의 아이는 손을 내밀어, 내가 가고자 하는 방향에 힘을 실어줍니다.

멘탈코칭을 통해 배우게 된 것은, 내 내면의 목소리에 귀를 기울이고 나 자신과의 관계를 회복하는 것이, 생각을 실천으로 옮기는 가장 중요한 힘이라는 것입니다. 아무리 작은 실천이라도, 그것이 반복되면 결국 큰 변화를 만들어냅니다. 나를 돌보고, 나의 감정을 존중하는 이 작은 실천이 바로 강력한 멘탈의 원천이 됩니다.

자신에게 엄격한 완벽주의자들, 감정적으로 몰입해 객관적인 판단을 하기 어려운 분들, 너무 이성적이어서 마음의 소리를 듣지 못하는 분들, 길을 잃고 방황하는 모든 이들에게 이 메시지를 전합니다. 당신의 멘탈을 다듬고, 행동으로 나아가는 힘을 키우는 순간, 비로소 길이 보일 것입니다. 그 길 위에서 나는 더 나은 나로 성장하고, 더 나은 세상을 만들어 갈 수 있을 것입니다.

5. 멘탈코칭이 만들어낸 무지개의 조화

나라에 따라 무지개를 분류하는 색이 다르다고 합니다. 무지개의 색은 그 경계가 불분명해서 가짓수가 무한하다고 하죠. 마치 우리 모두가 고유한 색깔을 가지고 있는 것처럼 말입니다.

멘탈코칭 13기는 그런 고유한 색을 가진 사람들의 모임입니다. 우리는 서로 다르지만, 함께 모여 조화를 이루고 서로에게 힘이 되어주는 존재들이었습니다. 멘탈코칭을 함께 하면서 저 또한 나 자신을 깊이 들여다보는 시간을 가질 수 있었습니다. 스스로를 수용하는 법, 나의 감정을 읽어주는 법, 그리고 내 몸 상태를 인식하는 법을 배우며 온전히 나에게 집중할 수 있었죠.

멘탈코칭을 통해 알게 된 것은, 내가 가진 자원이 생각보다 많다는 사실이었습니다. 그리고 그 자원들을 어떻게 더 잘 활용할 수 있을지 고민하며 한 걸음씩 앞으로 나아가고 있습니다. 이제는 나의 진짜 목소리를 듣고, 나 자신과 타인을 돕는 멘탈코칭으로 세상을 이롭게 하고자 합니다.

"내가 변화하면, 세상도 함께 변한다. 나의 멘탈을 다잡는 작은 움직임이 나와 주변 사람들의 삶을 풍요롭게 만들 것이다."

정학선 코치

커리어넷 커리어 컨설턴트

iesun@daum.net

멘탈 마스터를 꿈꾼다!

서로의 얼굴을 그려주는 미션

1. 나에게 멘탈코칭이란?

지속적인 성장을 위해서 평소 다양한 프로그램을 수강하고 있다. 천비키 코치님의 특강을 통해 멘탈코칭을 접하고 호기심이 생겨 신청하게 되었다. 6개월 동안 멘탈코칭 수업을 최우선 일정으로 삼고 즐겁게 참여했다.

셀프 멘탈코칭도 쉽게 할 수 있어서 집이든, 직장이든 어느 장소에서도 신속하게 활용할 수 있었다. 또한 고객에게 코칭 할 때 기본 프로세스대로 행하면 어느 정도 성과를 보장해 주는 멘탈코칭의 탁월함도 경험했다. 그렇게 복잡하지 않고 쉬우면서도 효과를 만드는 멘탈코칭! 나에게 멘탈코칭은 오랜 기간 함께 성장하고 싶은 따뜻한 친구이다.

2. 나는 이런 코치가 되고 싶다.

삶 속에서 멘탈코칭을 활용하면서 실천하고 싶다. 처음 몇 번 했을 때 보이는 것이 있다. 수십 번 하면 또 다른 면이 나타나고, 수백 번 하면 전혀 다른 면이 보이곤 한다. 실천과 행동을 통해 멘탈의 고수가 되고자 한다. 내 직업과 관계 속에서 실천하면서 나의 멘탈을 바로 세우고 다음으로, 사람들을 돕는 도구로서 멘탈코칭을 적극적으로 활용하고자 한다.

3. 멘탈코칭을 통한 고객들의 작은 변화

1) 피곤하고 바쁜 기상과 후회

아침에 일어날 때면 조금만 더 자고 싶은 마음이 굴뚝같다. 어제저녁에 조금 일찍 잘 걸 하는 아쉬운 마음도 든다. 알람을 끄고 5분만 더 3분만 더 미루다 힘겹게 일어나서 출근 준비를 한다. 오늘 저녁에는 일찍 자야지 다짐하지만, 어제와 비슷한 패턴이 반복된다.

멘탈코칭 후 : 상쾌하고 기분 좋은 아침 알람이 울린다. 심호흡하면서, 목과 손목, 발목을 스트레칭한다. 몸을 이완시키면서 마음을 편안하게 만든다. 산뜻한 기분으로 일어나서 출근 준비를 한다. 하루의 시작이 상쾌하니 기분도 좋고 활기차다!

2) 시간 관리 안 되는 자신에 대한 자책

시간을 효과적으로 보내고 싶지만, 행동이 쉽지 않다. 퇴근 후 드라마와 유튜브를 보며 순식간에 시간이 흘러 새벽이 되어버린다. 삶을 변화시키고 싶지만, 이런 자기 모습이 한심하다.

멘탈코칭 후 : 실행력 상승!

멘탈코칭으로 자신의 하루, 일주일, 한 달, 석 달, 미래를 명료하게 보게 된다. 현재와 목표를 알아차리게 되니 마음가짐이 달라지고 동기가 올라간다. 무엇에 집중해야 할지가 보이고 실행력이 올라가고 에너지 관리를 잘하게 된다.

멘탈코칭 후 나눔의 시간

4. 진로에도 멘탈코칭이!

진로 고민이 마치 10대, 20대의 전유물 같지만, 실제론 30대, 40대, 50대, 60대, 은퇴 이후까지 진로 고민을 계속한다. 대학교에 입학하면, 취직하면, 승진만 하면, 이직하면, 돈을 많이 벌면, 자녀 결혼만 시키면, 창업하면, 문제가 해결될 것 같지만 멘탈이 강화되지 않으면 고민은 계속된다.

특정 결과만 이루면 행복할 것 같지만 그 행복은 오래 지속되지 않는다. 인생은 계속되는 과정이기 때문에 그렇다. 과정에서 행복을 얻는 방법, 어제의 나보다 나아지는 방법을 제공해 주는 것이 멘탈코칭의 유익한 점 중 하나이다.

더 성장, 성공, 성숙한, 행복한 멋진 인생을 살도록 돕는 멘탈 코칭을 하고 싶다. 진로코칭, 커리어코칭과 멘탈코칭을 융합하여 확장하는 길을 만들어 가고 싶다.

5. 원리를 보는 눈!

멘탈코칭을 배우기 전과 후 무엇이 달라졌는가? 당연히 기술적인 부분도 향상되었지만, 원리를 보는 눈이 향상된 것이 가장 큰 소득이다. 인간의 특성에 대해 더 명료하게 알게 되었고, 더 지혜로운 방법으로 다가갈 수 있게 되었다. 코칭을 더 융통성 있게 진행할 수 있게 된 것도 큰 수확이다.

멘탈코칭 전문가 과정을 통해 자신에게도 상대에게도 적용할 수 있는 도구를 가지게 된 것에 감사하다. 즐겁고 재미있게 함께 성장할 수 있었던 13기였다. 앞으로도 모두 화이팅!

제단비 코치

승무원면접학원 강사 및 학교 진로교육코치

jdb1711@naver.com

1. 나도 나의 딸에게 멘탈코치이고 싶다.

나에게 멘탈코칭이란 한 사람의 인생영화를 보는 기분이다. 그 영화의 엔딩은 열림 결말로 앞으로 이어지는 스토리를 설레면서 상상해본다. 나에게는 부상으로 인해 야구를 못하게 된 남편이 있다. 그와 연애할 때 "야구에 대해 정말 사랑하고 있는 사람이구나"라고 느꼈다. 하지만 팔꿈치 부상에도 불구하고 아픈 걸 참고 하다가 결국 수술을 세번씩이나 하게 되는 상태로 선수 생활을 더 이상 못하게 됐다고 한다.

고3 때 야구를 그만두면서 심한 우울증을 겪었다고 한다. 지금의 나의 시부모님과 남편은 그 이후로 스포츠 관련 뉴스도 보지 않고 2002년 월드컵으로 축구조차 보지 않았다고 한다. 남편의 가슴이 아픈 사연이 나에게 큰 울림이 되었다. 뭔가를 꿈꾸고 꾸준히 해왔는지 갑자기 못하게 된다면 정말 비통하고 원망할 거 같다. 그럴 때 우리 시

어머님의 말이 남편에게 큰 위로가 되었다고 한다.

"세상은 넓고 할 일은 많다." 남편은 야구라는 좁은 세상만 생각한 거 같다고 한다. 하지만 세상은 굉장히 넓다는 걸 깨닫고 정신을 차려 다시 하고 싶은 걸 찾았다고 한다.

그건 바로 사업이다. 사업이라는 건 쉬운 게 아니다. 하지만 본인이 한 스포츠 관련 네트워크로 학교 운동부에 음료와 생수를 유통하고 선수들에게 필요한 물품을 지원하고 있다. 자신에게 이런 사업가적인 잠재력이 있는지 처음 알았다고 한다. 어머님의 응원과 한마디가 남편이 스스로 잘하는 걸 찾게 하고 결국 지금도 좋은 성과를 내고 있다.

어머님도 아들이 힘들어하는 모습을 보고 옆에서 매우 힘드셨을 것이다. 그럼에도 불구하고 옆에서 응원해주고 잠재력을 찾을 수 있도록 도와준 어머니가 진정한 멘탈코치가 아니었나 생각이 든다. 나에게도 5살짜리 토끼같이 예쁜 딸이 있다. 이 아이에게 나도 멘탈코치가 되고 싶다. 그러던 중 남편이 멘탈코칭센터라는 곳을 우연히 알게 되어 나에게 배워보지 않겠냐고 권유했다. 그래, 어머님이 남편에게 티칭이 아닌 코치를 하신 거처럼 나도 내 딸이 앞으로 살아가는데 엄마이자 코치가 되고 싶다는 생각이 들었다.

사람마다 살아가는 삶이 다 다르다. 똑같은 삶은 없다. 국제멘탈코칭센터에 오면서 스포츠 선수와 만날 때 정말 저마다 사연을 가지고 있었다. 그들에게 해피엔딩 열린 결말을 주고 싶은 사람이 되고 싶어졌다.

2. 자신감을 심어주는 멘탈코치

나에게 있어서 멘탈이란 떼려야 뗄 수 없는 내 안에 정말 친한 친구와의 대화이다. 이 친구와의 대화가 잘되어야지 긍정적으로 되고 성과 또한 좋아진다. 그렇지만 이 친구와 멀어지게 되면 부정적이며 성과가 떨어진다. 멘탈은 내 안의 또 다른 나와의 대화이다.

승무원으로 근무하던 시절 나의 멘탈은 좋은 편이었다. 10점 만점에 8점을 줄 수 있다. 첫째를 낳고 육아휴직을 하고 다시 복직하려는 시점에 둘째가 생긴 걸 알게 되어 다시 휴직에 들어갔다.

그러던 중 갑작스러운 유산으로 다시 복직하려고 하는데 나의 심리는 1점이었다. 내가 퇴사를 결심한 이유이다. 아이에게 집중하고 싶었고 아이랑 더 시간을 보내고 싶었다. 육아를 하면 내 정신력에 1점에서 8점으로 다시 올라올 줄 알았으나 나와의 대화는 계속 2점대였다.

아이는 너무 사랑스럽고 예뻤지만 20대부터 쉬지 않고 밖에서 일하기를 좋아하는 성격으로 집에 있으려니 창살 없는 감옥 같았다. 두통이 찾아오고 이석증까지 와버렸다. 결국 내 안의 친구와의 대화질이 급격하게 떨어졌다.

이 친구랑 빨리 다시 친해지기 위해 나는 무언가를 해야 했다. 그때부터 내가 할 수 있고 좋아하는 걸 찾아봤다. 아이가 유치원에 가는 시간에 할 수 있는 일이 무엇일까 보다가 우연히 구직사이트에서 승무원 강사를 뽑는다는 글을 보았다.

나도 승무원을 9년 차까지 했으니 이 일을 할 수 있지 않을까 했다. 그렇게 도전하면서 뭔가를 또 할 수 있다는 자신감에 나와의 대화가 좋아졌고 심리는 8점대로 올라 지금까지도 좋은 성과를 내고 있다. 살면서 멘탈이 좋을 때가 있고 안 좋을 때가 있다. 안 좋을 때는 당연히 일명 멘탈붕괴로 나 자신과 대화하고 싶어지지 않아진다.

내가 이 모든 사실을 알게 된 건 국제멘탈코칭센터(MCCI)에 오고 나서부터다. 멘탈은 그저 추상적으로만 생각했고 그게 성과로 이어진다는 걸 이곳 센터에 오기 전까지 몰랐던 사실이다. 이곳에서 교육 받고 "아 그때 내가 그랬었지. 그게 성과로 이어졌고 성과로 이어지지 못한 건 내 자신과의 대화가 안 좋아서 그랬구나"라고 느껴졌다.

그렇지만 인간관계에서도 항상 좋을 수만은 없다. 마찬가지로 내 안에 친구와의 관계도 계속 좋을 순 없을 것이다. 그때가 바로 터닝포인트라고 생각하고 다시 한번 나와의 대화를 긍정적으로 생각해본다면 또 다른 성과를 내지 않을까 싶다. 나는 본인과의 대화를 잘할 수 있게 도와주는 코치가 되고 싶다. 살면서 타인과의 대화도 중요하지만 먼저 본인과의 대화를 잘해야지만 모든 관계에서도 좋아질 수밖에 없다.

특히 취업준비생들은 계속되는 기다림과 자신감 부족으로 본인과의 대화가 좋지 못한 경우가 많다. 나도 승무원 준비를 1년 반 동안 하면서 내가 이걸 정말 할 수 있을까? 경쟁률이 너무 센데 하면서 많이 지쳐있었던 경험이 있다. 이 친구들에게 자신감을 심어주는 멘탈강사가 되고 싶은 것이 나의 목표이다. 더 나아가 국가대표를 준비하는 꿈나무 그리고 이미 프로이지만 심리를 필요로 하는 모든 선수에게 필요로 하는 코치가 되고 싶다.

3. 멘탈코칭을 배우면서 내가 변화된 사례

남편이 처음 나에게 멘탈코칭을 배워보면 어떻겠냐고 먼저 권유하였다. 원래 남편이 MCCI에서 먼저 교육을 받았는데 사업이 너무 바빠져서 도저히 들을 수 없는 상태였다. 이 과정을 들어보니 자기가 선수였을 때 멘탈코칭을 받았더라면 정말 훌륭한 멘탈을 가진 선수가 됐을 것이라고 자부했다.

특히 우리 딸 주안이를 위해서라도 정말 훌륭한 엄마의 역할을 할 뿐만 아니라 지금 내가 지도하고 있는 학생들한테도 큰 동기 부여가 될 것이라고 하였다. 처음 나는 멘탈이란걸 코치하는 게 상상으로는 잘 그려지지 않았다. 나에게 있어서 멘탈은 추상적이고 그저 정신력을 강하게 훈련하는 건가? 싶었다.

일단 가기 전에 MCCI 멘탈마스터 박철수 코치님의 위너스킬 이라는 책을 봤다. 책을 다 읽고 나는 결정했다. 이거 한번 배워보고 싶다.

왜냐하면 스포츠 선수뿐만 아니라 나같은 일반인도 멘탈 훈련할 수 있는 사례를 통해 이 스킬을 배워두면 나의 멘탈, 가족의 정신력, 내가 지도하는 아이들의 멘탈 더 나아가 향후 스포츠인들에게도 내가 영향력 있는 사람이 될 수 있겠다고 하는 마음에 가슴이 설렜다.

결론부터 말하자면 내가 이 과정을 듣기 전 10점 만점 6점이었다면 지금은 자신 있게 이야기할 수 있다. 내 멘탈은 현재 9점~10점 정도이다. 이 과정을 듣기 전 멘탈 마스터인 박철수 코치님을 만나 이야기를 하였다. 정말 멘탈이 변화가 될까요? 스포츠인들을 만나 바로 실습한다는데 제가 잘 할 수 있을까요? 어렵지 않을까요? 어떤 일이 벌어질지 너무 궁금합니다. 그때 코치님은 이렇게 이야기하셨다.

"궁금하죠? 놀라울 거예요"

지금 와서 생각해보니 아~ 그 말이 뭔지 이제야 알겠다. 그때만 해도 도대체 뭘 하길래 놀랍다는 표현까지 하실까? 하면서 호기심을 자극했다. 그때의 나, 지금의 나는 6개월밖에 지나지 않았다. 그렇지만 정말 멘탈이 좋아졌다. 그 말은 즉 나 자신과의 대화가 좋아졌다. 그리고 확실히 자신감이 정말 좋아졌다. 아이를 낳고 퇴사하면서 자존감이 많이 낮아졌었다. 내가 선택한 길이었지만 때로는 후회도 하였다. 6개월 전만 해도 내가 왜 이런 선택을 했을까 조금 더 신중했어야 했는데 하면서 울면서 잠든 적도 많다. 그때 만난 MCCI 멘탈코칭이 나에게 한 줄기 빛과 같은 존재가 되었다. 뭐든 할 수 있다고 생각하였고 남 앞에서 말하기 힘들었던 내가 이제 여러 명 앞에서도 말을 할 수 있는 자신감을 얻게 되었다.

제물포고등학교 야구부 팀코칭 후

강사 일은 멘탈코칭을 만나기 2개월 전부터 하고 있긴 했지만 내가 봐도 강사로서 자신감이 부족했다. 그저 승무원 경력 하나만으로 들어가서 전쟁터로 따지면 무기만 챙겼을 뿐 무기를 잘 사용하지 못한 기분이었다.

이 과정이 끝나갈 때쯤 나는 이 무기를 점점 잘 사용하는 사람이 되고 있다고 느껴졌다. 내 멘탈이 좋아지면서 점점 자신감도 생기고 심지어 나만이 잘 사용할 수 있는 무기를 만들어 학원에서 아이들에게 코칭하고 있다.

스포츠 선수들뿐만 아니라 내가 코칭하는 학생 또는 취업준비생들은 본인들의 취업목적이 확실한 사람들이다. 특히나 승무원 준비는 면접을 중요시하기 때문의 실전에 있어 강한 멘탈력을 필요로 한다. 나는 MCCI에서 배운 코칭기술을 아이들에게 면접 강의가 아닌 면접 코칭을 하고 있으며 만족도도 굉장히 높아지고 있다.

그전에 티칭식으로 강의하였다면 지금은 코칭을 한다. 티칭은 알려주는 주입식이라면 코칭은 스스로 내면 안에서 찾게끔 질문하면서 꺼내준다. 이렇게 코칭식으로 하니 학생들도 본인의 내면을 더 알게 되며 스스로 움직이는 효과가 있었다. 이렇게 자신감이 올라오고 멘탈력이 강해지다 보니 좀 더 대담해지고 싶었다. 나는 사실 사람 수에 따라 말하는데 긴장을 많이 하는 사람이다.

면접학원은 학생 수가 많으면 10명~15명 정도이다. 사실 이 정도 수에도 처음에는 많이 떨렸다. 그렇지만 점점 적응되고 좀 더 넓고 많은 사람 앞에서 강의해보고 싶었다. 나는 현재 중·고등학교 진로강사 및 면접강의도 하고 있다. 이곳 멘탈코칭센터에 오지 않았더라면 도전할 수 없었을 것이다. 정말 6개월 사이 놀라운 일들이 벌어지고 있었다.

4. 자신의 변화로 남편과의 사이가 돈독해졌다.

국제멘탈코치 유튜브 촬영을 마치고 천비키 코치님과 남편과 함께

나의 변화로 가장 즐거워한 건 남편이다. 가장 가까이에 있기에 나의 변화를 누구보다도 빠르게 알아차렸다. 9년 동안 일한 곳을 퇴직하

고 집에 있으니 너무 힘들었다. 나는 기독교지만 20대 때 취업이 안 돼 너무 답답한 마음에 점을 봤을 때 흔히 말하는 역마살이 껴있어 어딜 나가야 하고 집에 있으면 안 되는 사주라고 많이 들었다. 괜히 그런 말을 들어서인지 일을 그만두고부터는 두통이 더 심해지고 에너지가 없었다.

잘 안 싸우는 우리 부부도 나의 예민함 때문에 자주 다투기도 하였다. 하지만 MCCI에서 코칭을 배우면서부터 점점 달라지는 표정과 말투를 듣고 어느 날은 남편이 나에게 이런 말을 했다. "배우길 참 잘했다!"

그런 말이 있다. 엄마가 행복해야 아이가 행복하고 가정이 행복하다는 말. 그 말이 괜히 있는 것이 아니다. 나부터가 변화되니 아이도 더 잘 웃고 더불어 남편과의 사이가 더 돈독해졌다. 멘탈이 좋아지는 법을 추상적으로 아는 것이 아니라 몸으로 움직이면서 어떻게 해야지라는 하우(how)를 알았기에 혼자서 나의 멘탈을 코치했다.

실제로 MCCI에서 스포츠 선수들 멘탈코치 실습할 때도 앉아있기보다는 몸으로 움직이고 느낀다. 이제 이 방법을 내가 나의 멘탈을 관리할 때도 집에서 스스로 해보면서 정말 내 멘탈이 좋아지는 것을 느꼈다.

그러면서 자연스럽게 뭐든 하겠다는 자신감도 올라왔고 나의 변화가 가족에게까지 스며들었다. 사실 뭐든 가족에게 하기가 제일 어렵다. 예를 들면 부부 사이에는 운전 연수를 해주면 안 된다던가, 부모 중의 한 명이 수학 선생님이면 아이에게 수학을 알려주는 게 제일 어렵듯이 내가 코치를 하면 가족을 코치하는 것이 어렵지 않을까 생각했다.

그렇지만 나는 이걸 제일 먼저 나와 가족을 위해 배워보고 싶었기에 골프 티칭프로를 준비하는 남편에게 내가 배운 스포츠멘탈코칭을 우리 집 거실에서 진행하였다.

남편은 평소 연습 때는 잘 되는데 필드나가면 부담감으로 실전에 멘탈이 약해진다고 하였다. 나는 실전력 코칭을 진행하였고 남편이 실전에 멘탈이 좋아지기 위해 서로 대화를 많이 나눴다.

멘탈코칭을 진행 후 남편에게 소감을 물어보니 정말 잘 할 수 있겠다는 용기를 얻었고 실전에서 꼭 해보겠다고 하며 우리 둘은 껴안고 잘해보자고 다짐하였다. 내가 변하고 가장 가까운 가족이 변하고 결국 타인까지 변화시키는 놀라운 힘이 바로 멘탈코칭이 아닌가 싶다. 영향력 있는 엄마이자 와이프, 강사, 스포츠멘탈코치 이 모든 걸 다하는 영향력 있는 강사가 반드시 될 것이다.

최지우 코치

국공립어린이집 원장
감성코치 교육강사
jung99duk@hanmail.net

나를 이끄는 힘, 도전하는 용기!

1. 나를 움직이게 하는 멘탈코칭

　태어날 때부터 강한 멘탈을 가지고 태어난 사람은 없을 것이다. 그래서 우리는 살면서 도전하고 경험하며 작은 성취를 통해 얻어지는 내적인 에너지를 갖게 된다. 그 내적 에너지 힘의 원동력은 자신을 믿고 용기있게 도전하는 '나를 이끄는 힘, 도전하는 용기'라고 멘탈로 정의하고 싶다.

　강한 멘탈 혹은 좋은 멘탈은 타고나는 것이 아니라 무수히 깨어지고 다시 도전하면서 포기하지 않고 연마해 가는 과정에서 멘탈이 장착된다. 그러니 무엇이든 그냥 얻어지는 것은 없는 삶의 논리와 같다. 우리의 삶은 내가 원하는 대로 계획한 대로 흘러가면 좋겠지만, 흥미롭게도 지랄 총량의 법칙에 따라 시련과 고통이 예고 없이 찾아온다.

　시련과 고통이 나의 일상을 갑자기 찾아올 때 사람들은 모두 '멘탈'을 잡으라고 한다. "호랑이가 나타나도 정신만 차리면 살 수 있다"라는 그 정신력 말이다. 나도 그 강한 멘탈력을 가지고 싶은 1인이다. 과거

사냥하던 시대와 달리 인공 지능 시대에 살아가고 있는 우리는 호랑이가 웬 말인가 싶지만, 호랑이가 나타나 나를 위협하는 일상은 훨씬 더 많은 게 현실이기 때문이다. 나에게 멘탈코칭은 '나를 움직이게 하는 에너지'이다. 자신을 믿고 도전하면서 스스로에게 어떤 말을 던지는가?

지금 당장 중요한 성과를 내야 하는 당신이라면 자신에게 어떤 응원과 격려의 메시지를 던질 것인가? 평소 자기 객관화가 잘 되어있는 사람이라면, 현재 자신의 상태변화를 점검하고 좋은 성과를 내기 위해 긍정의 말로 현재에 집중할 것이다. 결과보다는 자신의 발전 가능성을 믿으면서 말이다.

반대로 자신에 대한 걱정과 불안이 휩싸여 있는 경우라면, 아마도 자신에게 좋은 대화를 하지 못하는 경우가 높다. 당신이라면, 어떤 언어로 매 순간 선택에서 자신을 믿으며 응원해줄 것인가? 자기(Self)와의 내면의 목소리 즉, 질 좋은 대화가 곧 강한 멘탈이다.

얼마 전 킨츠키에 대해 알게 되었다. 일본에서 유래한 단어로 "금으로 수리하다"라는 뜻을 지닌 깨어진 그릇을 고치는 예술을 의미한다. 깨어진 그릇을 붙이고 금, 은, 구리 등의 분말을 이용해 깨어진 부분을 강조하면서 수리하는 방법이다. 여기에서 흥미로운 것은 깨어진 부분을 숨기지 않고 오히려 강조하며 그 상처를 독특한 문양으로 만들어서 세상에 하나밖에 없는 아름다운 그릇으로 재탄생시키는 것이다. 킨츠키를 통해서 무수히 깨어지고 금이 가는 인생의 파노라마를 엿보았다. 그리고 다양한 상황 속에서 깨어지고 부서졌지만, 그 아픔을 이겨내고 견고히 성장한 나를 보며 '킨츠키'야말로 강한 멘탈이 아닌가 생각해보게 된다.

깨어진 도자기가 다시 새롭게 창조되는 것처럼 우리의 이러저러한 상황에서 무수히 깨어지고 다시 이어붙이는 과정에서 나에게 무언가 흔적이 남는다. 킨츠키의 재탄생처럼 나의 흔적 멘탈력을 키워보자.

2. 고객과 함께하는 동반자가 되고 싶다

누구나 한 번쯤은 삶의 가운데에서 길을 헤매이거나 잃어보았을 것이다. 막막한 삶의 가운데에서 방향을 잃고 자신의 본질까지 흔들릴 때 나를 믿어주는 단 한 사람이 옆에 있다면 다시 일어서는 에너지를 얻는다. 에너지 상태가 좋을 때, 그러니까 기분이 좋을 때는 누구나 좋은 말로 함께 할 수 있다. 누구나 한번은 넘어진다. 넘어졌을 때 나의 에너지 상태가 마이너스였을 때 일어서게 하는 힘을 갖게 하는 코치가 되고 싶다.

넘어지지 않는 법을 안내하는 것이 아니라 스스로의 질문을 통해 자기 자신을 객관화하며 일어서는 내적인 힘을 갖게 도와주는 것이다. 내 안에 있는 무수한 답을 끌어내는 질문을 통해 스스로 해답을 찾는 과정을 함께하는 것이다. 고객이 삶의 방향을 스스로 찾는 과정에서 배우고 성장함에 동행하고 싶다.

3. 나의 몸과 마음, 안녕?

우리는 사람을 만나면 "안녕하세요"라는 인사말로 서로의 안부를 물으면서 시작한다. "안녕"의 사전적 의미는 '아무 탈이나 걱정 없이 편안함'이다. 나이가 들어가면서 이제 몸도 삐거덕, 마음의 인내심도 바닥이 나서 부정 에너지가 나를 힘들게 할 때도 있다.

나는 아침마다 거울을 보며 나에게 인사를 건넨다. "안녕, 오늘 하루 잘 보내자"의 인사로 나에게 미소를 보낸다. 매일 아침 루틴으로 나의 몸, 마음의 현재 상태를 점검하는 것이다. 잠도 덜 깬 상태에서 눈도 반감은 채 인사하는 나의 얼굴을 마주하자면 가관이다.

나에게 의식적으로 미소를 짓고 거울을 보며 "안녕" 인사를 하면 내 몸과 마음을 살피면서 오늘 하루의 멘탈 점검하며 시작한다.

이런 엄마의 모습을 본 딸이 "엄마, 뭐해?"하며 흘깃거리더니 이젠 어느새 딸이 거울을 보며 "안녕"하고 인사를 건넨다. 당신의 몸과 마음은 "안녕하십니까?" 내 몸과 마음인데 갈 곳을 잃어 길을 잃지 않도록 매일 아침 거울 앞에서 "안녕"하며 자기에게 인사를 건네보자.

"나의 몸과 마음, 안녕?"

우리는 매일 수많은 사람과 관계 속에서 하루를 마주한다. 가까운 가족부터, 출근길에서, 장시간 보내는 직장에서도 다양한 사람들을 만난다.

어떤 사람은 먼저 인사를 건네기도 하고 어떤 이는 시종일관 무표정으로 상대방을 대하기도 한다. 우리는 좋은 에너지를 받기를 원하기에 아무래도 방긋방긋 웃으며 인사를 건네는 사람에게 마음이 움직이지 않을까? 나는 먼저 웃으며 인사하는 이에 속할까? 아님, 그 반대일까? 잠시 생각해본다.

가족들과 저녁을 먹으러 식당을 방문했을 때 일이다. 육개장 칼국수를 먹으러 들어갔는데 시종일관 종업원이 무표정으로 주문받았다. 거기다 개인 접시를 툭툭 놓는 것이다. 그 종업원의 태도에 기분이 상해서 음식을 주문하지 않고 가족끼리 서로 기분을 살피면서 불편한 긴장감이 감돌았다. 그냥 식당을 나가고 싶은 마음까지 들 정도였다.

그때 주문을 받으러 온 종업원에게 한마디를 건넸다.

"아주머니, 기분 안 좋은 일 있으세요?"라고 질문을 했고, 그 종업원은 갑자기 동공이 커지면서 놀란 표정을 지었다. 그 종업원의 무표정한 태도가 일상이 되어버린 습관 같은 것일 수 있지만, 그 태도가 타인의 삶에 생각보다 많은 영향을 끼친다.

그 후 아주머니는 표정이 부드러워지면서 미소 띤 얼굴을 볼 수 있었다. 이처럼 우리는 불친절한 종업원처럼 타인의 작은 행동으로 인해 내 감정이 좌지우지될 때가 많다. 누군가 건넨 한마디는 종업원의 태도를 생각하게 해주었고 음식을 거의 다 먹을 때쯤 종업원이 우리에게 다가와 "불편감을 드려서 죄송해요"라는 사과했다.

다양한 관계 속에서 의미 없는 타인의 부정 에너지가 전달되지 않도록 관리하자. 타인에게 받는 에너지가 긍정이든 부정이든 영향을 받는다. 타인의 에너지를 내가 잘 관리하는 것이 나의 멘탈관리의 일부이다.

불친절한 식당 종업원 역시 의미 있는 타인은 아니지만, 그 종업원의 불친절로 인해 우리의 멘탈이 흔들려서 나의 불편한 감정이 어떠한 행동을 불러일으키기 때문이다.

타인의 부정 에너지를 어떻게 잘 관리할 것인가? 고민해야 한다. 그래서 우리는 타인의 태도에 내가 어떤 기분이 드는지 내가 원하는 것이 무엇인지 어떻게 해결하고 싶은지 스스로에게 질문을 던져보기를 권한다.

- 나의 현재 몸, 마음 상태는?
- 내가 현재 원하는 것은?
- 내가 지금 할 수 있는 것은?

다시 불친절한 종업원 이야기를 해보자. 불친절한 종업원에게 느끼는 마음은 "불쾌하고 무례함"이었다. 내가 원하는 것은 '우리 가족이 맛있게 식사하고 편안한 시간을 보내는 것'이었다. 그래서 내가 할 수 있는 것은? 가족들과 식당에서 밥을 먹을지를 먼저 논의했고, 다시 다른 식당에 가기에는 번거로움이 있으니 여기서 먹자. 그러면 이 '불편함을 종업원에게 요청'이었다.

작은 일화지만 우리는 이러한 일상은 수없이 일어난다. 그럴 때마다 요동치는 감정에 흔들리지 않는 멘탈을 잘 관리해 의미 없는 타인에게 나를 내어주지 말자.

서두에 언급했듯이 "안녕"과 같이 아무 탈이나 걱정 없이 편안한 상태가 내가 원하는 상태이기에 스스로에게 자주 질문을 하는 것이중요하다. 지금 내 에너지 상태는? 내가 원하는 것이 무엇인지? 어떻게 해결하고 싶은지 말이다.

나의 에너지 상태가 좋다면 다른 사람에게 좋은 에너지로 영향을 줄 수 있다. 불편한 식당 종업원의 아주머니처럼 편안함의 '안녕'의 하루가 되지 않을까 싶다.

우리는 현재를 살아가지만, 과거의 경험과 미래의 불안으로 현재에 집중해서 살아가는 데 어려움이 있다. 그래서 우리는 현재 나의 상태 에너지를 관리하는 것이 중요하다.

과거와 미래를 통제할 수 없다면 지금 현재를 매 순간 알아차리고 통제해 보는 것은 어떨까? 만약 평정심을 잃고 감정, 생각, 욕구 중 하나에 치우쳐서 의사결정을 한다면, 한 번의 선택이 많은 사람에게 영향을 끼칠 수 있기 때문이다. 그래서 불편한 감정이 올라올 때일수록 내 몸과 마음의 신호를 알아차림이 필요하다. 알아차림은 말 그대로 자각하는 것이다. 불편한 감정이 올라올 때 내 감정의 이름을 붙이고 이 감정을 불러일으키는 생각이 무엇인지 들여다본다. 그리고 현 상황에서 내가 무엇을 원하는지? 내가 할 수 있는 것이 무엇인지 들여다보며 내 마음의 사이클을 돌려서 평정심을 유지하는 것이다.

멘탈은 하루아침에 이루어지는 것이 아니기에 매일 일상에서 내 몸과 마음을 관리하는 루틴이 중요하다. 어느 날 갑자기 나타난 호랑이로 내 일상이 흔들리지 않도록 온전히 나에게 집중에서 해답을 찾아가는 과정이다.

우리 속담 중에 "열 번 찍어 안 넘어가는 나무 없다"라는 말이 있듯이 열 번 도전하고 나를 넘어서는 힘이 멘탈이라고 생각한다. 다양한 난관 속에서도 용기있게 도전하는 힘은 내 안에 있는 내적인 힘이다. 스스로 믿고 도전하는 내면의 힘은 자기(Self)와의 질 좋은 대화이다. 자기와의 질 좋은 대화야말로 멘탈 관리의 첫걸음이다.

원더풀멘탈

2025년 03월 05일 초판 1쇄 인쇄
2025년 03월 10일 초판 1쇄 발행

지은이 | 국제멘탈코칭센터 13기
펴낸이 | 안우리
펴낸곳 | 스토리하우스

등 록 | 제324-2011-00035호
주 소 | 서울시 강동구 천중로 194, 4층
전 화 | 02-3673-4986
팩 스 | 02-6021-4986
이메일 | whayeo@gmail.com
ISBN | 979-11-85006-49-9 (03180)

값: 15,000원

* 이 책은 저작권법에 따라 보호받는 저작물이므로 무단전재와 무단복제를 금지하며 이 책의 내용을
  전부 또는 일부를 이용하려면 반드시 저작권자와 스토리하우스의 서면동의를 받아야 합니다.
* 잘못 만들어진 책은 구입한 곳에서 바꿔드립니다.